はじめての
組織行動論

西川 真規子 著

新世社

はじめに

皆さんは，大学生でしょうか，それとも社会人でしょうか。社会人はもちろん，就職前の大学生も，これまで日々の生活の中で様々な組織化された集団活動に携わってきたことと思います。その集団の中で，1人では味わえない嬉しい出来事もたくさん経験された一方で，集団ならではの様々な人間関係上の問題や課題に悩まされたことも少なからずあるはずです。このような問題や課題に直面した時，これまでどうされてきたでしょうか。1人で悩んだり，周りに相談したり，あるいは本などを読んで必要な知識を得たりして，なんとか解決，改善策を考え，対応し，今日に至っているはずです。うまく対応できた場合はよいのですが，うまくいかなかった場合は，苦い思い出として記憶に残っていることもあるでしょう。そして，うまくいった経験は，嬉しい記憶としてだけでなく，知識として蓄えられ，次の経験にも活かされてきたことと思います。しかし，その知識の活用範囲は，せいぜいこれまでの活動の周辺領域に限られていることが多いのではないでしょうか。

これから皆さんはどのような組織化された活動に参加し，その中でどのような役割を担っていかれるのでしょうか。今後の見通しは不透明だったとしても，将来，活動領域が変化したり，拡がったりすることが予測されます。そして，このような変化に伴い，今まで蓄えてきた経験や知識では十分対応することが不可能な人間関係上の課題や問題に直面することが予測されます。そのような時に是非役立てていただきたいのが組織行動論という学問体系です。

このテキスト『はじめての組織行動論』では，組織における私たちひとの態度や行動について，社会科学領域で発達してきた概念や理論を応用しつつ，体系的に理解を深めていきます。ここで得た知識は，現在の皆さんの集団活動における人間関係上の課題の解決や改善に役立つのみならず，将来にわたって皆さんの人間関係を豊かにし，拡げ，実りあるものにする上で，役立つはずです。

組織行動論は，学問領域としては，社会科学に位置づけられます。中でも社会心理学，社会学から強く影響を受けています。私は社会学者ですが，社会学は，私たちが，社会という複数のひとの関わり合いによって成立する場から，どのような影響を受け，その結果，どのような行為を示すのか，さらには私たちの行為が，個人として，集団として，社会にどのような影響を及ぼすのかについて考察するための学問体系です。社会学と同様，社会心理学でも，個人や集団を取り巻く社会と，その中での個人や集団としてのひとの態度や行動との関係性に焦点があたっていますが，その際，社会学が行為に注目してきたのに対して，社会心理学では心の働きに注目してきました。

組織行動論は，学問として体系化がすすめられた半世紀ほど前には，人間関係論と呼ばれ，組織において管理職が直面する人間関係上の課題の解決をはかることが主な目的とされていました。その後，組織形態や組織間の関係性が変化（進化）し，対応する管理モデルも変容してきました。これに伴い，現在の組織行動論は，組織内でのひとの行為や心の働き全般を扱う学問体系となっています。扱う内容も多岐にわたり，管理職だけでなく，より良い組織生活の実現全般に関心を持つ人すべてに役立つようになっています。組織行動論の学習をすすめることは，組織内での自らの，そして，他者の態度や行動に対する理解を深めることにつながります。さらには，組織内で他者と協力的な関係を築き，維持し，高めていく上で役立つ豊富な知識を得ることにもなるでしょう。

本書の対象者

『はじめての組織行動論』は，その名の通り，初心者向けのテキストです。このテキストを書き始めた当初は，大学で初めて組織行動論を学ぶ学部生を対象としていました。しかし，テキストを書きすすめるうちに，対象者を拡げ，社会人も含めることにしました。このテキストを読む上で，社会科学の知識の有無は前提としていません。職場の人間関係について関心を持ったり，課題を感じたりしている社会人は多いはずです。例えば，上司や同僚，顧客とより良い関係を築きたいと思っている人，初めて部下を持った人，職場でチームの一員として他者と協業する必要がある人などです。

本書で扱う内容

本書では，組織における個人の態度や行動に注目していきます。最初に，組織と個人との関係や，その関係に所属集団がもたらす影響について検討します。続いて，「学習」，「認知」，「帰属」，「感情」，「モチベーション」，「意思決定」といったトピックを取り上げていきます。このようなトピックの学習を通じて，私たちが，組織においてどのように周りの状況を受け止め，どのように反応し，対応していくのかについて考察をすすめていきます。

最初のトピック「学習」では，自らの態度や行動を変えていく個人や集団に焦点があたります。組織に参入した当初，バラバラだった個人の態度や行動は，次第に組織成員にふさわしく変化してきます。その変化は私たち一人ひとりの学習の成果と捉えることができます。さらに，組織が周りの環境に適応すべく変容していくには，組織成員の継続的な学習が欠かせません。組織成員個人や組織成員間での相互学習を通じて，組織は周りの環境に対して効果的に関わっていくことが可能となります。

私たちは同じ状況に直面しても同じ現実を共有しているとは限りません。それは一人ひとりで置かれた状況の解釈の仕方が異なるからです。「認知」では，私たちが，周りのひとや事象に対して意味づけを行う過程そのものに焦点をあてます。「帰属」は，ひとの行動の背景にある原因を，私たちがどのように推測し，解釈するかに関わっています。認知や帰属の仕組みを理解することは，ひとの態度や行動の背景をより良く理解することにつながります。

自らが置かれた状況の解釈は頭の中だけでなく，身体の反応を通じても行われます。「感情」では，この様な身体的反応を含めた私たちの心の働きを理解し，より良い組織活動に向け，どのように活用していくかについて考察をすすめていきます。

「モチベーション」は，私たち個人が，なぜ，どのように周りの状況に働きかけようとするのか（しないのか）に関わっています。「モチベーション」は組織行動論の中でも最重要概念の一つであるため，4 章にわたり考察をすすめていきます。各章では，学習し成長する個人，他者と比較して現状を認識する個人，目標を達成しようとする個人，合理的に計算しより良い結果を周りから引き出そうとする個人，にそれぞれ焦点をあてます。

周りの環境に働きかける目的は様々であり，その際の手段も 1 つではなく，多様な選択肢が存在します。最終章の「意思決定」では，個人が周りにどのように働きかけるのか，その際の判断について，合理性に焦点をあて考察を加えます。

本書の活用の仕方

学術的な知識は理解するだけでは役に立ちません。実社会で活用されて初めて役立てることができます。組織行動論も然りです。そのため，このテキストでは，要所要所で組織行動論の考え方を，皆さん自身の体験に落とし込む Exercise が設定されています。加えて，各章末に Reflection が設けられています。Reflection は各章の全体を踏まえ，自らの体験を振り返る内容になっています。さらには，各ページの下部にはメモ欄として余白も設定されています。Exercise や Reflection のみならず，テキストを読んで，新しく得た組織行動論の知識と，これまでの皆さんの組織体験とを照らし合わせ，気づいた点をその都度余白にメモとして書き入れ，独自のテキストを作っていってください。しばらくしてテキストを読み直した際に，ご自分のメモを読み直し，さらに新しい気づきがもたらされるかもしれません。

組織行動論は皆さんの組織化された集団活動での実践にすぐに役立てるこ

とができる有意義な学問体系です。学問としての組織行動論の理解にとどまらず，Exercise や Reflection での考察や，気づいた点をメモすることを通じて，自らの体験に積極的に落とし込んでください。そうすることで，組織行動論が生きた知識として皆さんの身体の一部となり，実践での応用が可能になるはずです。実践への応用を繰り返すことで，組織行動論の知識が深化し，皆さんが今後直面する新しい状況に活用していくことも可能となるでしょう。このテキストを道具箱のように活用し，皆さんの置かれた状況や経験に応じたオリジナルな知見をメモとして付け加え，さらに充実した道具箱とし，皆さんの将来の有意義な組織活動に末長く役立てていってくださることを願っています。

最後に，このテキストの出版について迅速に決断くださった新世社とイラスト挿入など私の我儘に柔軟に対応いただいた編集部の谷口雅彦氏に感謝の意を表します。

2021 年 1 月

西川　真規子

目　次

第１章

組織における態度と行動

いよいよ組織行動論の学習をすすめていきます。この章では，組織行動論とは何かについて，そして，組織行動論を学ぶ上で鍵となる，組織や集団といった基本概念や，組織や集団から私たちが個人として受けている影響について考えていきましょう。

1.1　組織行動論とは何か

組織行動論とは何かを一言で説明することは難しいのですが，端的には，「組織の中のひとの態度や行動についての理解を深める学問体系である」，ということができるでしょう。

「組織の中の」という点が重要なのですが，読者の皆さんの中には「組織」という言葉がまだよく分からない，という人もいるかもしれませんね。そこで，「組織」から説明を始めようと思います。

まずは「**組織**」について，定義を確認しておきましょう。私の手元にある広辞苑（第５版）で組織という言葉を引くと，「（organization）社会を構成する各要素が結合して有機的な働きを有する統一体。また構成の仕方」とあります。なんだか抽象的でつかみどころがありません。そもそも組織というのは，人間が作り出した概念です。概念は，自然界には実体として存在しません。見たり，触ったりできない，ということです。次に，私がよく使うオックスフォード現代英英辞典（第６版）を参照してみます。

> **Organization**：*a group of people who form a business, club, etc. together in order to achieve a particular aim*

とあります。和訳すると，「特定の目的を達成するために形成されたひとの集まり。企業やクラブなど」，でしょうか。こちらの方がずっと分かり易いですね。ひとの集まりといえば，見たり，触ったりもできそうです。

「ひとの集まり（＝集団）」プラス「目的の達成」が組織の定義に関わっているようです。Organizationの動詞形であるOrganizeについても，頼りになりそうなオックスフォード現代英英辞典で引いておきましょう。

> **Organize**：*to arrange something or the parts of something into a particular order or structure*

となっています。和訳すると，「何か，あるいは何かの部分を特定の順序や

〈memo〉---

構造に配置する」，となります。ひとや集団の配置の良しあしが，目的の達成に関わっていそうです。

組織とは，概念であり自然界に存在しませんが，私たちは実体として存在するものを組織と呼んでいます。それは，組織という概念が，私たちひとが，目的を達成するために集団に所属し，全体として有機的に活動している様子をあらわしており，こういう概念に合致した，実在する集団を私たちが組織と呼んでいるからです。

それでは，最初の Exercise をやってみましょう。

Exercise1-1　あなたの所属する大学，あなたの職場は組織と言えますか？　あなたはなぜそのように考えるのでしょうか？

（ヒント：前述の組織の定義を参照してみましょう。）

〈記述欄〉

解説　大学を例にとって考えてみましょう。大学には様々な学部があります。私の所属する大学の場合，市ヶ谷にキャンパスがありますが，その他に小金井や多摩にもキャンパスがあり，それぞれ複数の学部を有しています。各学部にはそれぞれの教育や研究の目的があります。私は教員ですが，職員や学生も大学のメンバーですね。逆に言えば，大学のメンバーは，それぞれが学生，職員，教員といった集団に所属しています。そして，これら集団も独自の目的を持っているはずです。教員の目的は，これからの社会で必要とされる知識を学生が身に着けるべく教育を行うことです。さらには，社会をより良くするような知識，技術を見出すべく研究を遂行することです。学生の大事な目的は，今後の

〈memo〉

社会に出ていく上で必要とされる知識やスキルを身に着けることではないでしょうか。職員の目的はそういった学習活動，教育活動，研究活動を支援することだといえるでしょう。このように様々な目的を持った集団で構成される大学ですが，学生，教員，職員が特定の構造（＝ここでは，目的を達成する上でのひとや集団のつながり方，と捉えることにしましょう）を持ち，「大学」という一つの統一体として，学びの場を提供しています。つまり，大学は組織であると言えます。

組織と言えば，特定の企業を思い浮かべる人が多いのではないでしょうか。もちろん，**企業**（＝business）は経営学が主に取り上げる組織ですが，その他にも様々な組織が私たちの暮らす社会には存在します。組織の定義に照らし合わせ，他にどんな組織があるか是非考えてみてください。

1.2　組織と集団

組織は**集団**で構成されています。単一集団で組織が形成されていることもありますが，それはむしろ稀であり，通常は複数の集団で構成されます。それでは改めて集団とは何でしょうか。もう一度オックスフォード現代英英辞典の助けを借りて確認しておきましょう。

Group：*a number of people or things that are together in the same place or that are connected in some way*

和訳すれば，「同じ場を共有するか，何らかの形でつながりを持った複数のひとやものの集まり」，となります。組織の定義に比べるとかなり「ゆるい」つながりですね。

〈memo〉--

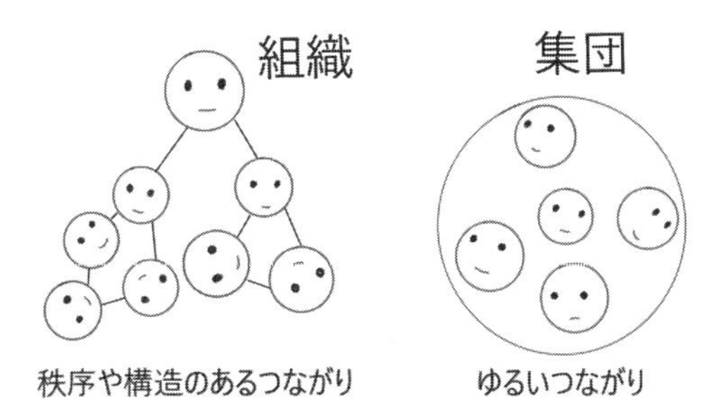

組織と集団：つながりの相違

それでは次の Exercise をやってみましょう。

> Exercise1-2　大学や職場の中の集団を探して記述してみましょう。あなたはそのうちどのような集団に所属していますか。その集団は組織だと言えますか。

〈記述欄〉

解説　再び大学を例にとって考えてみましょう。私の勤務している大学には経営学部の他にも法学部，文学部，工学部，社会学部など多様な学部があります。経営学部の中にも，経営学科，市場経営学科，経営戦略学科があり，また英語で経営学を学ぶプログラムである Global Business Program（GBP）も開講されています。これらの学科やプログラムに所属する学生はそれぞれ集団だと言えます。２年生から所属が可能なゼミも集団ですね。このような学生集団の他にも前述の通り，教員集団，職員集団があります。

私は教員集団に所属しています。経営学部の教員の中には GBP の講義も同

〈memo〉

時に開講している教員と，日本語プログラムのみ担当する教員がいます。それぞれを集団とみなすこともできます。

ちょっと待って，と思った人はいませんか。何か違いますよね。GBP 兼任とそうでない教員は担当が異なるだけで，同じ教員集団ではないの？ と思った人がいませんか。確かに GBP 担当とそれ以外の教員は物理的に区別できません（同じ人が兼任している場合があります）。ただ経営学部という組織内での配置が異なる，というだけです。

このような，物理的な区別が必ずしも伴わない集団が他にもたくさんあります。例えば，私は大阪出身ですが，経営学部には私の他にも大阪出身の教員が数名います。このような出身地に基づく集団は同郷集団ですが，実際に集まって何かをしているわけではありません。実際に物理的に同じ場所に集まって活動していないのは，GBP 担当教員にも大阪出身の教員にもあてはまります。しかし，経営学部で GBP を担当している教員は，留学生への教育という共通の目的を有し，それぞれがその目的を果たすべく講義を担当しています。したがって，組織であると言えます。一方，大阪出身の教員は，大阪で生まれ育った点に関連するような何らかの目的を共有し活動しているわけではないので組織とは言えません。出身地の他にも国籍や性別なども集団ですが，このような集団はその集団ならではの目的を共有し活動していない限り組織とは言えません。

ちなみに教員は，所属学部の教育の他にも，大学を運営していく上で必要な役割を担う，様々な学部横断的な委員会活動に従事しています。これら委員会も集団であり組織であるわけです。学生の皆さんは学生として学ぶ以外にも，大学内で部活やサークルで活動している人も多いと思います。部活やサークルも何らかの目的を達成するために共に活動している限り，集団であり組織であると言えるでしょう。

私たちは，必ずしも１つの集団のみに属しているわけではありません。むしろ複数の集団に所属している人の方が多いのではないでしょうか。皆さんも，大学や職場内に限らず，その外でも様々な集団に所属しているはずです。大学生ならアルバイト，社会人でも副業をしている人もいるでしょうし，スポーツや趣味の集まりで活動している人もいるのではないでしょうか。大

〈memo〉

学や職場の外までを含めると私たちは実に多種多様な集団に所属しているはずです。

つぎの **Exercise1-3** では，**Exercise1-2** で取り上げた集団以外のあなたの所属集団を書き出してみてください。

Exercise1-3　あなたはどのような集団に所属していますか。できるだけ多くの所属集団を書き出してみましょう。

〈記述欄〉

解説　皆さんはいくつの集団を書き出しましたか？

私の場合は，法政大学，経営学部，経営学科，経営学研究科（大学院），人材・組織マネジメントコース，教員，社会学者，オックスフォード大学ナフィールドカレッジ卒業生，阪大卒業生，北野高校卒業生（50歳を超えると最近やたらと同窓会の誘いが来ます），日本人，既婚者，女性，母親，西川家（家族・親族），と……まだまだありそうですが，このくらいにしておきます。

実際に所属集団を書き出してみると，意外に多くの集団に自らが属していることに気づき，驚いた人もいるのではないでしょうか。

これまでの説明から，集団には，組織とみなすことができるものとそうでないものがある，ということが分かったのではないでしょうか。組織とみなせるかどうか，という点で集団を分類したわけです。次に，組織行動に特に関連の深い，集団の分類方法を紹介しましょう。

〈memo〉

1.3 アイデンティティ集団と組織集団

アルダファー（C. Alderfer）という心理学者は，集団を「**アイデンティティ集団**」と「**組織集団**」に分類しました（Alderfer, 1987）。アルダファーによると，アイデンティティ集団とは，似通った属性，経験，他者からの扱いを受けてきたために，同じような世界観を持つ集団を意味します。例えば，国籍，ジェンダー，世代などがアイデンティティ集団として挙げられます。私は大阪出身で，生れてから四半世紀を大阪で過ごしましたが，同郷集団もアイデンティティ集団ですね。一方，組織集団とは，組織上での地位，経験が共通しており，同じような組織観を持つ集団のことを言います。組織集団において，メンバーを特定の集団へ配置するのは組織自体です。例えば，アルバイト，正社員，事務職，技術職，管理職等が組織集団にあてはまります。

この分類に基づき，私の所属集団を例にとると，「法政大学」や「教員」，「社会学者」といった集団は組織集団とみなすことができます。私は 20 年近く前に法政大学に経営学部の教員として採用されました。さらに数年前に GBP（英語の学位プログラム）が経営学部内に開設された時に GBP の担当者に経営学部教授会から任命されました。

確かに組織集団によって組織観は異なります。法政大学に赴任する以前は東京大学の社会科学研究所（東大社研）に所属していました。大学教員の主な仕事は研究と教育ですが，東大社研は研究所であり，学部生が所属していないこともあり，教育よりも研究に重きが置かれていましたが，法政大学は学部生が大多数ですので，教育に重きが置かれています。

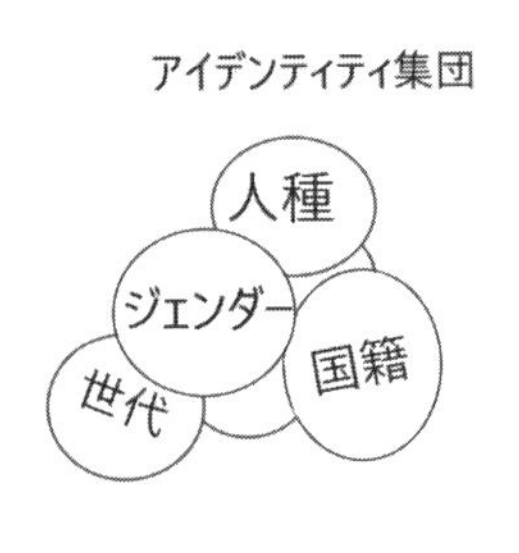

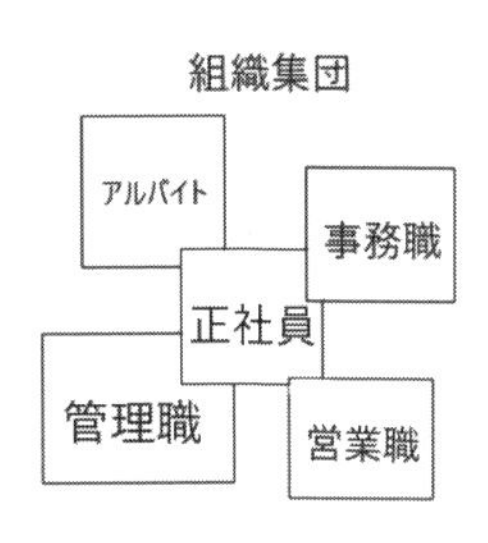

東大社研に採用される前は，オックスフォード大学のナフィールドカレッジで研究をしていました。ナフィールドカレッジに院生として採用され，

〈memo〉

そこでの研究成果がオックスフォード大学から認められ社会学博士号を授与されました（社会学者として認められたわけです）。私の研究アプローチ（研究観）は英国式ですが，これはオックスフォードでの集団経験が影響しているようです。このように，組織集団では，組織が個人をメンバーとして認め，組織内の集団に配置します。

次に，私のアイデンティティ集団である，「女性」を取り挙げてみます。大学生までは女性であることをさほど意識したことはありませんでしたが，就職の際に女性であることを強く意識させられました。当時，総合職としての就職先が男性に比べて極めて限られていたからです。就職してからも女性であるがゆえに上司や同僚，顧客から同期や先輩の男性とは異なる扱いを受けてきました。私と同世代の総合職として採用された大卒女性は同じような苦い経験を通じた，特有の組織観を持っているはずです（現在は随分と女性の社会進出が進み，女性の処遇は変わってきていますが，当時は否が応でも日本企業で働く限りは女性であることを強く意識せざるを得ませんでした）。

組織集団とアイデンティティ集団の違いは理解できたでしょうか。それでは，次の Exercise をやってみましょう。

Exercise1-4　あなたの所属する集団をアイデンティティ集団，組織集団に分類してみてください。

〈記述欄〉

解説　例えば，私は法政大学経営学部の学生を対象に組織行動論の講義をし

〈memo〉--

ていますが，この法政大学経営学部の学生という集団はアイデンティティ集団でしょうか，組織集団でしょうか。まず，法政大学が選抜のうえ，学生を受け入れ，各学科，学年に配置しています。経営学部生は学生という同じ地位を有し，同様の学習体験をしているため，大学において同じような物事の見方をしているはずです。少なくとも私のような教員と同じような見方をしている人はいないと思います。そういった意味では組織集団ですね。

一方，経営学部の学生の中で仲良し集団が形成されているかもしれません。その仲良し集団は同学年の同郷者や同性で構成されているかもしれませんね。このような同世代集団のメンバーはこれまで同様の経験をし，他者からも似通った扱いを受けてきたことでしょう。その結果，同じような物事の見方をしているのではないでしょうか。このような集団はアイデンティティ集団とみなすことができるでしょう。

これまでの Exercise を通じて，個人は複数の集団に所属していることが理解できたと思います。そして，その集団はアイデンティティ集団と組織集団に分類が可能なことも見てきました。組織行動論で扱う集団は，主に組織集団です。しかし，前述のアルダファーは，アイデンティティ集団と組織集団が組織内で互いに関連することが多いことを指摘しています。

例えば日本の大企業の部長を思い浮かべてみてください。皆さんは 40 歳代か 50 歳代の男性をイメージしませんでしたか。次に近所のスーパーのパート従業員を思い浮かべてください。既婚の女性をイメージしませんでしたか。これは企業が従業員を採用するときに，性別や家庭での役割など，アイデンティティ一集団をもとに組織内での地位の割り当てを行う傾向が強いことをあらわしています。皆さんも大学生というアイデンティティ集団に属していま

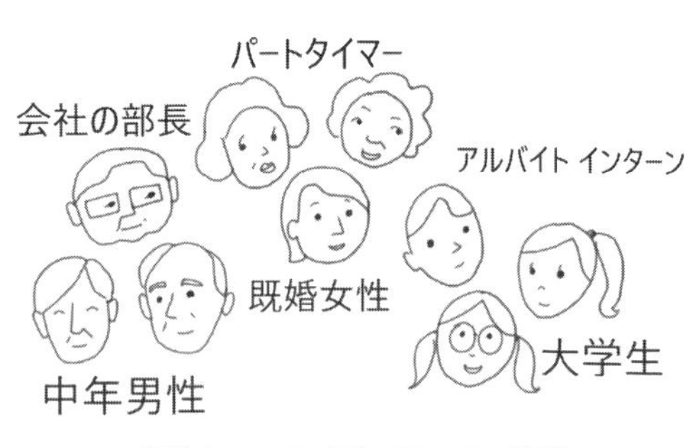

組織内でのアイデンティティ集団

〈memo〉

すが，このことがバイトという組織集団上での地位を雇い先から割り当てられる傾向につながっていると考えられます。

組織において，アイデンティティ集団はこのような採用や配置以外の処遇にも関係してきます。先ほど大企業の部長をイメージしてもらいました。確かに，日本の大企業の上級管理職には圧倒的に男性が多く，女性は少数派です。子供のいる女性となるとほんの僅かとなります。既婚で子供のいる女性が上級管理職から締め出されている（つまり差別されている）というよりは，女性候補者が少ないことが影響しています。しかし，家事労働を主として担当する必要がない男性が多数派であることを前提とした働き方や他者からの処遇が，子育てと仕事を両立することを難しくしてきたために，家庭責任を主に担ってきた既婚女性の候補者が育たなかったとも考えられますね。つまり，上級管理職として働く女性が少ないことは，アイデンティティ集団に基づく長年にわたる他者からの処遇の影響を受けています。

ちなみに，若い世代には，男性でも育児に積極的に関わる人も増えてきています。性別にかかわらず仕事と育児を両立できるような環境が整えば，管理職の男女比の偏りは変化するはずです。近年，情報技術の発達に新型コロナウィルス感染症の影響も加わり，一般企業において在宅勤務者が増えてきています。普段は仕事中心の生活を送っている人にも，仕事と生活の両立における課題への気づきを促す良い機会となるのではないでしょうか。

1.4　所属集団の影響

私たちが特定の集団の一員であることは，私たちの物事の見方，感じ方に影響し，その態度や行動にも影響を及ぼします。ですが，前述の通り，私たちは複数の集団に同時に所属しています。組織行動論では，主に集団といえば組織集団を指します。しかし，組織の中でのひとの態度や行動を理解するには，そのひとのアイデンティティ集団にも目を向けることが大事です。

次の Exercise をやってみてください。

〈memo〉--

Exercise1-5　あなたは所属組織の中ではそのメンバーとしてふるまっているはずですが，所属組織の外では同じようにふるまいますか？ 違うとすれば，どのような違いがみられますか？

〈記述欄〉

解説　大学生は，例えばアルバイト先と大学での態度や行動を比べてみてください。社会人は，職場とその他所属集団での態度や行動を比べるといいですね。大学生の場合，授業中は真面目に勉強に取り組んでいても，休み時間には友達と羽目を外しているかもしれません。大学ではのんびり屋で通っていても，バイト先ではしっかり者とみなされているかもしれません。

私も大学では教員らしく振舞っています（そう見えているかどうかは別ですが）。学生にも教員として厳しく接することもあります。一方，家ではどちらかといえば大学生の娘を頼りにしていますし，飼い犬（柴）は目の中に入れても痛くないほど可愛がっています。このように，大学という組織の中と外の私はかなり態度や行動が異なります。

しかし，同じひとである限り，共通点も多々あります。前述の通り，私たちは，その所属する集団によって世界観，組織観が異なる傾向があります。例えば，私の場合，母親であることは一見教員であることと関係のないことのように思われますが，法政大学という組織との関わり方，教員としての振る舞いに少なからず影響を与えているはずです。

私たちは自分の態度や行動をその場に応じて巧みに変えているはずです。意識して変えている場合もあれば，半ば無意識に変えている場合もあるでし

〈memo〉--

ょう。特に，大学や職場など所属集団内には，規則や方針，慣行があり，授業や仕事のすすめ方に関する規範も存在するため，これらに従って行動することが求められます。一方，大学や職場の外に一歩出ると，このようなルールに従う必要はありません。しかし，アイデンティティ集団については，どこに居ようとも私たちの態度や行動に一定の影響を及ぼします。例えば，男性であること，女性であることは，組織の中でも，外でも，私たちの態度や行動や，私たちに対する他者の態度や行動に影響を及ぼすことを考えると分かり易いでしょう。

1.5　結びにかえて

いかに組織や集団が，私たち一人ひとりの態度や行動に影響を及ぼしているか，少しは理解が進みましたでしょうか。

最後に次の Reflection について考え記述しておきましょう。

Reflection 1　あなたが最も熱心に参加している組織集団を１つ取り上げて説明をしてください。どのような目的を持った集団ですか。またどのような人が参加し，その人たちはどのように互いの関わり合いを持っていますか。

〈記述欄〉

〈memo〉

第2章

組織・個人・集団

前章では，組織行動論が，組織の中のひとの態度や行動についての理解を深める学問体系であることを確認し，組織と集団，個人の関係性について考察しました。この章では，組織と個人との関わり合いについて，集団への所属がもたらす影響を踏まえて，さらに理解を深めていきます。

2.1 個人・集団・組織

私たち個人は組織とどのような関係を持つのでしょうか。例えば，会社と（正規の）社員はどのような関係を持っているのでしょうか。正式には，会社を含めて雇用する側を**雇用者**（employer），社員を含めて雇用される側を**被雇用者**（employee）とも呼びます。ところで，被雇用者という言葉は，受動的なイメージをもたらします。前章でも，組織集団において，メンバーを採用したり，特定の集団に配置したりするのは組織であることを，アルダファーを参照しつつ確認しました。やはり両者の関係性において組織が主体なのでしょうか。

皆さん自身は，組織と個人，あるいは，会社と社員の関係をどのようにイメージしますか？ 組織（会社）からの指示を受けて行動する個人（社員），というやはり受動的なイメージでしょうか。確かに，個人は組織に所属する限り，組織から様々な制約を受けます。やりたくないなと思っていることでも，会社のルールや，上司の指示ならば従うこともあるでしょう。

あるいは，もっと能動的なイメージを持っている人もいるかもしれませんね。経済学者のアロー（K. J. Arrow）は，分業によって専門性を高めた，個人の協働による利益を享受できることこそが，組織のメリットである旨を主張しています（Arrow, 1974）。アローは，異なる知識やスキルを有し，それを伸ばすべく学習を続ける個人が協力することによって，より良い意思決定が可能となり，1人では成しえなかった価値の創造が可能となる，と述べています。確かに，組織には多種多様な集団やひとが関わっており，個人では到底できないことが，組織という単位では可能になりそうです。このように，アローの提示する組織と個人の関係性からは，組織に能動的に働きかける個人がイメージされます。

次の Exercise をやってみてください。

〈memo〉

Exercise2-1　組織を大きな丸，集団を中くらいの丸，個人を小さな点で表すとすれば，それぞれの関係はどのように位置づけられますか？絵を描いてみてください。

〈記述欄〉

解説　経営学について既にある程度学習をすすめている人は，多少戸惑ったかもしれません。経営学で通常組織を図示する場合，丸ではなく三角のピラミッドを使いますよね。ピラミッドでは，三角の底辺（現場に最も近い場所）に個人を並べ，これらを取りまとめる人（現場管理職，リーダー）をその頂点に配置します。このような三角形（現場集団）を取りまとめる人がさらに上にいて，その人はこのような現場に近い三角形をいくつか取りまとめたより大きな三角形の頂点を占めていて（中間管理職），さらに，このように現場に近い三角形をまとめたより大きな三角形をまとめる人が上にいて（上級管理職）…，と階層的なピラミッド型をした三角形の集合体が，私たちが通常イメージする組織を図示したものです。このような三角形でなく，丸を使う，というのはどうして？と思った人も多いのではないでしょうか。

その理由は，組織行動論では，組織の構造に関心があるのではなく，組織の中の個人の態度や行動に関心があるからです。ピラミッドはひとや集団のつながり方（コミュニケーションの流れ）をあらわす上では有効ですが，底辺を地につけ，がっちりと固定されているイメージがあり，組織の中で有機的に動く

〈memo〉--

個人を表現する上であまり有効ではありません。

それでは，三角ではなく丸を使って，組織，集団，個人の関係をあらわしてみましょう。第１章で集団は同じ場を共有する複数の個人，とありました。また，組織は様々な集団で成り立っていることについても確認しました。そうすると，大きな丸の中に中くらいの丸を入れ，その中に小さな点を入れた，入れ子のような図が描けそうです。丸の中なら個人も，集団も，多少は動きが取れそうですね。

さて，これでいいでしょうか？ ちょっと待って，と思った人はいませんか？ 前章では，私たちは組織の外でも様々な集団に所属していること，そして，所属する集団によって組織の中の個人の態度や行動が変わりうることも確認しましたよね。例えば，私は大学で講義をしている時には大学という集団に，社会学者として共同研究に参加している時にはその研究会という集団に，そして，家では家族という集団に所属しています。大学での私と研究会での私，家での私は，皆同じ私なのですが，それぞれの場においての私の態度や行動は，意識的にも無意識にも変わっています。

このように考えると，個人（私）という点が複数の丸（大学，研究会，家）の中を行き来している，動的なイメージが思い浮かびませんか。さらに，中くらいの丸で表される集団自体も，大きな丸としてあらわされる組織の中に入ったり，出たりすることが可能です。例えば，私の所属学部には GBP（経営学部の英語学位プログラム）が 2016 年に新たに加わりました。一方で，時代の要請にそぐわなくなった学部や学科がこれまで大学内で統合されたり，廃止されたりもしてきました。

組織行動論の提示する個人，集団，組織の関係性のイメージはどちらかといえば，小さな点としての個人や中くらいの丸で表される集団が，より大きな丸である組織に入ったり，出たり，あるいはその中でぶつかったり，中くらいの丸や大きな丸のサイズが大きくなったり，小さくなったり，消えてしまったり，といったダイナミックなイメージとして捉えるとよいでしょう。いずれにしても，大事なのは，組織はダイナミックに動く個人や集団で構成されている，という点です。

〈memo〉--

2.2　組織の中の個人の態度・行動

組織は個人やその集まりである集団で構成されている，と述べました。それでは，私たちは個人として，あるいは集団のメンバーとして，どのように組織の中でふるまうのでしょうか。もちろん，好き勝手にふるまっていると組織は成り立ちませんよね。前章で，組織は特定の目的を達成するために形成されたひとの集まりであることを確認しました。組織にはそれぞれの目的があるはずです。その目的を達成するために，個人は他者とつながりを持ち，そのつながりの中で，それぞれの役割を果たし，**タスク**を遂行しているはずです。

ところで，また普段聴きなれない言葉，「タスク」が登場しましたので，オックスフォード現代英英辞典で確認しておきましょう。

> **Task**：*a piece of work that somebody has to do, especially a hard or unpleasant one*

つまり，誰かがやらなければならない仕事の一部で，特に労苦を要するものがタスクということになります。組織の中で個人は，どのようなタスクを遂行するかに応じて，そして，そのタスクを遂行する上で必要な専門化した知識やスキルに応じて，役割や地位を与えられます。

ところで，前章のアルダファーの組織集団とアイデンティティ集団の分類のところで確認したように，アイデンティティ集団とは異なり，組織集団においてメンバーを決めるのは，組織自体です。つまり，組織は，その目的を達成する上で，必要な人材を採用し，有効な配置を行います。例えば，私は20年ほど前に法政大学経営学部に教員として採用されましたが，それは法政大学経営学部の教育・研究目的と合致した専門知識やスキルを有しているとみなされた

〈memo〉

からだと考えられます。その後，専門知識やスキルを生かしつつ，教育・研究というタスクを遂行し，大学教員としての役割を果たしてきました。その結果として，教授という地位を得ています。経営学部に所属する他の教員も，専門性を生かし，教育・研究上のタスクを遂行し，それぞれの役割を担い，その役割に応じた地位を割り当てられています。

ところで，組織の中で，このように組織目的を達成すべく各自が役割を遂行している限り，組織の外で何をしているかは，各自の自由です。例えば，私が個人として何をしているか，家ではどんな母親であるか，大学のあずかり知るところではありません。もし，そのようなことまで大学が干渉すれば，プライバシーの侵害になります。

社会学者のバウマン（Z. Bauman）は，組織は個人の一部分を取り込むに過ぎない，と主張しています（Bauman and May, 2019）。つまり個人は，組織の中と外では，異なるふるまいをしてもよいということです。むしろ，バウマンは，個人は組織上での役割に応じて，組織のために尽くしますが，一方で，個人は自らの組織内でのパフォーマンスを客観的に眺め，また組織の中での役割に伴う権利や義務を，組織の外での活動において混同しないように期待されている，とも述べています。

組織が存続する限り，その中の役割は比較的安定していますが（そのためピラミッドのように図示することが可能ですが），その役割期待に応じて行動する個人は，組織に出入りが可能であり，置き換えも可能です。例えば，私が法政大学に赴任する前から組織行動論の講義（＝タスク）は存在しましたし，他の先生が担当（＝役割）していました。私が在外研究で海外に長期間出ていた間も，組織行動論は経営学部の教育に必要な科目ですので，非常勤の先生に講義をお願いしていました。組織行動論の講義内容はもちろん担当する教員によって多少異なりますが，経営学部の中で組織行動論を担当する教員に期待されている役割に変わりはありません。このように組織の中での役割は比較的安定的に存在していますが，それを果たすべく配置された個人は入れ替え（出入り）が可能です。

〈memo〉--

2.3 集団の中の個人

組織の中の個人は入れ替えが可能だなんて，なんだかちょっと寂しい感じもしますね。しかし，人材が入れ替わることによって，組織は環境への適合性を高めているとも考えられます。同じひとが何年も何十年も同じ役割を担っている組織は停滞するか，衰退していくことでしょう。ところで，入れ替え可能であることは，前回説明したアイデンティティ集団にもあてはまるのでしょうか。

次の Exercise をやってみましょう。

Exercise2-2　組織集団のように，アイデンティティ集団を出入りすることは可能でしょうか？ あなたのアイデンティティ集団を例として考えてみましょう。

〈記述欄〉

解説　皆さんの答えはイエスですか，ノーですか？ 答えは，第１章で取り上げたアイデンティティ集団を理解できているかどうかにかかっています（不安な人は前章をもう一度確認しておいてください）。例えば，アイデンティティ集団の典型である**ジェンダー**（現在は，男女という２分類を想定させる"性別"という言葉よりも，性の多様性を許容する"ジェンダー"という言葉が使われています）や国籍を取り上げてみましょう。女性（男性）であることを辞める，日本人を辞める，というのは 100％不可能ではないにせよ，難しいですよね。ジェンダーや国籍は生まれ持った属性であり，女性（男性）として生

〈memo〉

まれれば，周りから女性（男性）として扱われ，（その対応に違和感を覚えない限りは）それを当然として受け入れてきたはずです。日本人として生まれれば，母語は日本語であり，日本語でこれまで教育を受け，様々な人との日本語での対話を通じて知識を吸収し，日本文化にどっぷりつかった生活をしてきたはずです。それを急に辞めることは難しいはずです。

　このようにアイデンティティ集団はその名の通り，私たちのアイデンティティに大きく関わっています。

　さて，**アイデンティティ**という言葉を何度か使ってきましたが，これも普段良く耳にする言葉ですが，実際にはなかなか複雑な概念です。オックスフォード現代英英辞典では，

Identity：*who or what somebody/something is*

とあります。和訳すると，誰か（何か）がそのひと（もの）であること，でしょうか。今度はオックスフォード現代英英辞典でも理解することが難しいですね。広辞苑では，「人格における存在証明または同一性」とあります。ますます分かりにくくなってきました。ということで，次のExerciseをやってみてください。

Exercise2-3　「あなたは誰ですか？」という問いに対し，あなたはどのように答えますか？「私は～です」というように，箇条書きでいくつか記述してみてください。

〈記述欄〉

〈memo〉

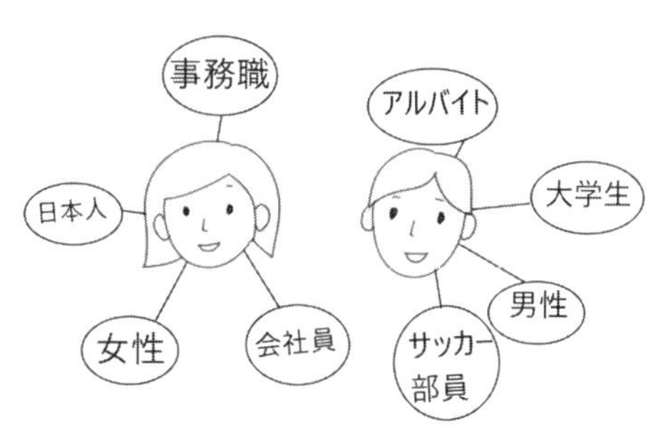

集団への所属と社会的アイデンティティ

解説　私の場合を例に出しましょう。1．私は法政大学の教員です。2．私は大学生の娘の母親です。3．私は社会学者です。4．私は日本人です。5．私は大自然の中で過ごすこと（特に山）が大好きです。6．私は絵を描くのが得意です。等々。

アイデンティティは，複雑ですが重要な概念で，組織行動論にも関係します。しかし，このテキストで取り上げる範疇を超えていますので，ここでは簡単な説明に留めておきます。アイデンティティは自己定義に関わっており，何を大事に思い，何を正しいと信じているか，自分にとって重要な他者との関係性やその中での自分の役割や地位，様々な集団への所属とその集団の社会における位置づけ（地位），大切にしている所有物との一体感や，地理的空間への所属意識等を含むと言われています。

例として私の自己定義を紹介しましたが，その中には，法政大学の教員や社会学者，母親，日本人であること，つまり集団への所属に関するものが含まれていました。これらは**集団的（社会的）アイデンティティ**と見なされています。ちなみに，山が好きだとか，絵を描くのが得意だとかは，個人レベルの自己定義に関わっていますので，**個人的アイデンティティ**と呼ばれています（Schwartz 他，2011）

個人の集団への所属に注目した**社会的アイデンティティ理論**では，個人は他集団との相対的な関係によって自己集団を認知，評価し，この様な価値判断を含めた集団への所属意識が自己定義の一部として取り込まれ，社会関係上の行為に影響する，と述べられています（Tajfel 編，1978）。なんだか難しい説明ですよね。そこで，もう少し分かりやすく解説してみます。この理論によれば，例えば，女性であることは，他集団である男性との相対的関係によって認知され評価されるわけです。私は女性ですが，その女性である私

〈memo〉--

は，男性という集団との関係で認知され，評価され，このような認知と評価を伴う女性という集団への所属意識が，私が他者と関係する上で影響を及ぼす，ということです。少しは分かり易くなりましたか？

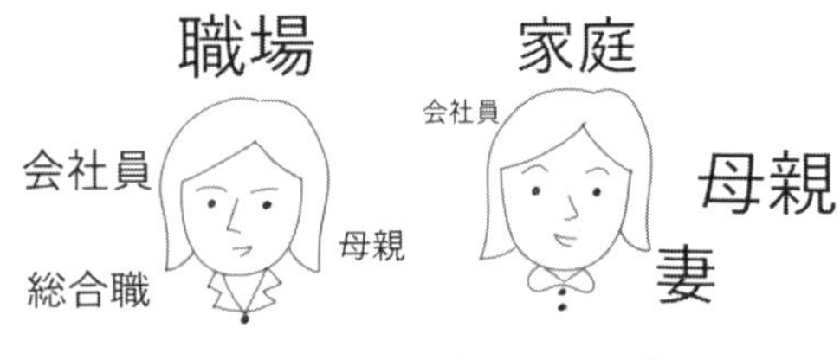

異なる場での組織・アイデンティティ集団の影響

ところで，この相対的認知や評価は，時代や場所によって異なります。例えば，前述の通り，私が大卒後就職した企業では女性であること（＝男性でないこと）は，同僚や顧客との関係に大いに影響し，組織内での役割やタスクを遂行する上で妨げになりました。現在は女性であることはそれほど影響を及ぼさないはずです。以前に比べ，企業だけでなく社会一般において男女平等化が進み，男女という集団の社会での相対的な地位，評価が変わり，男女間の関係性も変わってきているためです。

ちょっと話が難しくなってきたかもしれませんので，整理しておきましょう。集団には組織集団とアイデンティティ集団が存在しますが（ここまでは前章の内容），それぞれ個人との関係性は異なります。アイデンティティ集団を離脱することは難しいのに対して，組織集団と個人は部分的な関わりを持つに過ぎない，というわけです。一方，社会的アイデンティティ理論によれば，組織集団も社会的アイデンティティとして個人の自己定義に取り込まれる限り，組織内に限らず，組織外での個人の行為にも影響を及ぼす，ということになります。例えば，職場での行為には，組織集団への所属が主に影響しますが，家庭での役割も多少なりとも影響を及ぼすはずですし，逆も然りでしょう。

なお，前述の，社会的アイデンティティ理論を発展させた**社会的カテゴリー理論**では（名前がよく似ていて混乱しますよね。ですが，理論名はここでは重要ではありませんのでご安心を），自ら価値を見出し，積極的に関わり，長期にわたり自己観に影響を及ぼすような集団であれば，自己定義をする上

〈memo〉--

で，その集団の価値観や思想傾向，文化を引き合いに出す傾向が強まる，としています（Turner 編，1987）。

例えば，皆さんの親御さんの中には，大卒後に就職した企業で今も働いてはいるものの，企業内で職業を変えてきた方（例えば，現場に近い事務職や営業職から管理職へ）は結構いらっしゃるのではないでしょうか。このような長期雇用を前提とした場合，どのような職業に就いているかというよりは，どのような会社に勤めているかが，社会的アイデンティティとして，そのひとのアイデンティティの一部となり，組織の中でも外でも，その行為に影響を及ぼす可能性が高まると考えられます。

一方，ヨーロッパ諸国では，一生涯一職業を全うする人は日本より多いのですが，生涯一企業に勤めあげる人は日本ほど多くはありません。この場合，どのような職業（occupation）についているかが，社会的アイデンティティとして，そのひとのアイデンティティの一部として取り込まれ，組織内外での行為に影響を及ぼすと考えられます。ヨーロッパは階級社会と言われてきましたが，職業の社会的位置づけ（職業階級）が個人の生活水準や生活様式に影響する傾向が強いことが関連しています。

つまり，組織集団であれ，アイデンティティ集団であれ，自己を定義する上で大事な集団であれば，そのひとが他者と関係する上での行為に影響する，ということになります。こういった意味で，実は，組織集団はアイデンティティ集団にもなり得るわけです（日本では，何十年も１つの企業で働いた後定年退職した夫が，家庭に戻っても居場所がない，なんてことをよく耳にしますが，これも「会社員としての私」を過剰にアイデンティティに取り込み，物理的に退職しても心理的に組織集団から離脱できない結果かもしれません）。

私たちは様々な集団に所属していますが，集団への所属は，私たちのアイデンティティの一部となり，様々な場面での私たちの行為に影響を及ぼしている，ということになります。

〈memo〉--

2.4　結びにかえて

個人，集団，組織の関係性について理解が進みましたでしょうか。組織の中には様々な規則や規範があり，組織のメンバーである限り，私たちはこれらに従って行動することが期待されています。しかし，最終的に自分の態度や行動を決めるのは，私たち自身です。皆さんの中にも組織行動論の学習に一生懸命に取り組む人もいれば，残念ながらそうではない人も含まれるでしょう。ですが，そういった態度や行動は，実は私たちがこれまでどのような集団に所属してきたかによって，少なくとも部分的には影響を受けていることになります。つまり，組織の中の個人の態度や行動を理解するには，集団としての私たちを理解することが必要となるのです。

最後に次の Reflection について考え記述しておきましょう。

Reflection 2　あなたのアイデンティティは，あなたの最も頻繁に参加している組織集団での態度や行動にどのような影響を及ぼしているでしょうか。

〈記述欄〉

〈memo〉

第3章

個人の学習

前章で確認したように，私たちは周りの状況に合わせて態度や行動を変化させています。行動変化が，偶然ではなく，比較的長時間つづけば，それは学習の成果だと捉えられます。この章では，個人レベルでの学習について，特に，ヒトとその他の動物を対比しつつ説明していきます。私たちは，他の動物と共通した方法で，さらにはヒトならではの方法で学習をすすめ，周りの状況に適合すべく行動を変化させることが可能です。

3.1　学習とは何か

皆さんは学習といえば，何を思い浮かべますか？ 入学試験や資格取得のための受験勉強でしょうか？ おそらく学習＝勉強と思っている人が多いのではないでしょうか。確かに勉強は学習するために必要です。しかし，勉強は，その名の通り，勉めて行うもの，意識的に行うもので，時には嫌々行うこともあるかもしれません。こういった意味で，勉強は，前章で説明した，タスクを遂行することでもありますね。例えば，今，皆さんがこのテキストを読んでいるということは，テキストの理解に努める，というタスクを遂行していることになります。さて，勉強と学習は似ているようですが，同じではありません。今，皆さんはこのテキストを読みつつ勉強しているはずですが，学習しているかどうか，私には分かりません。それでは，いったい**学習**とは何でしょうか。

次の Exercise をやってみてください。

Exercise3-1　あなたには得意なことがありますか？ それはどのようにしてできるようになったのでしょうか？

〈記述欄〉

解説　得意なことをどうやって得意になったのかと改めて問われると，どうしてかな？ と考えてしまいますよね。私を例とすると，前章のアイデンティティの解説でも紹介しましたが，私は絵を描くこと，特に人物を描くのが得意

〈memo〉--

です。どうやって人様に得意といえるような絵を描けるようになったのか…。考えてみると，日本画を描いていた母親と一緒に物心ついた頃からよく美術館や展覧会に行ったりして，絵の美しさに魅せられ，自分でも絵を描くようになった気がします。学校では（生意気な生徒だったので教師からの評判はよくなかったのですが）図工の時間に限っては先生によく褒められました。大学院生のころ，カレッジからすぐ近くにイギリス最古の美術館であるアッシュモリアン美術館があり，息抜きによくターナーの絵を眺めたりしたものです。時にはロンドンまで足を延ばし（大学のあるオックスフォードからロンドンまでは大型バスで２時間弱です）ナショナルギャラリー，テート，コートールド等，素晴らしいコレクションを観に行きました。研究者になっても学会などで海外出張した際は，その所々で美術館に足を運んだものです。娘が生れると，絵を描いてとよくせがまれ，描くと無邪気に喜ぶのでまた描いたいりして…。勉強もちょっとはしました。数年前，英国に在外研究に出ていた時，大学で人物デッサンの講座に通ったのが初めてです。ですがそこでは何かを教わったというより，他の人と一緒に人物モデルのデッサンの場を共有したに過ぎません(時々先生が回ってきて“Look at this line!（素敵な線を引きますね)”などと褒めてくれた時はさすがに嬉しく思いましたが)。

こう考えると，どうも私が絵を描くことが得意であると考える背景には，絵を繰り返し描いたり，素晴らしい絵を眺める機会が多かったり，絵を描いた時に他者から喜ばれたり褒められたりすることが影響しているようです。皆さんもサッカーが得意だったり，ピアノが得意だったり，料理が得意だったり，いろいろ得意分野を持っていると思いますが，似たような経験をしているのではないでしょうか。

さて，得意なことがどうやってできるようになったのかについて考えてもらいました。少しは勉強したかもしれませんが，それだけでないことが分かったのではないでしょうか。得意なことは勉強も含めた「何かを通じて」できるようになったはずです。

以前はできなかったことが何かを通

〈memo〉

じて比較的長期間にわたってできるようになることを，組織行動論では「学習」とみなします。そして，「何を通じて」できるようになるのか，これから皆さんと考えていきたいと思います。

3.2　条件付け学習

私は毎朝コーヒーを淹れます。リビングで新聞を読みながら一杯目を飲み，新聞を読み終わると，二杯目を持って書斎に入ります。飼い犬の柴はリビングにねぐらがありますが，仔犬の頃は家具をかじったりクッションを破ったりと悪さをしたので，眼が届かない時にはケージに入れていました。私は二杯目のコーヒーにミルクを入れる時，愛犬にもちょっぴりミルクをあげます（ミルク皿はケージの中にあります）。そのうち，愛犬は私が二杯目のコーヒーを淹れ始めるや否や，一目散にケージに走っていくようになったのです。今は悪さをしませんのでケージは撤去しましたが，やはり私が（一杯目でなく）二杯目のコーヒーを淹れると，ミルク皿のある場所に走っていきます。

ところで皆さんはパブロフの犬，という言葉を耳にしたことがありませんか。**古典的条件付け**という学習方法を実験室の犬を通じて見出したのが，ロシアの生理学者パブロフ（I. Pavlov）です。パブロフは実験室に入るとまず明かりのスイッチを入れ，それから実験用に買っている犬に餌（＝条件付けされない刺激という意味で「**非条件刺激**」と呼びます）を与えていました。一晩何も食べていなかった犬は餌を見てよだれを垂らします（条件付けされない反応という意味で「**非条件反応**」，あるいは「**機械的反応**」とも呼ばれます）。そのうち，明かりのスイッチを入れただけで犬がよだれを垂らすことに気がついたのです。そこで新しい実験を開始しました。餌を与える前にメトロノームを鳴らし（条件付けられた刺激という意味で「**条件刺激**」と呼ばれます），それを何度も繰り返すうちに，メトロノームを鳴らしただけでパブロフが予想した通り，犬はよだれを垂らすようになりました（条件付けられた反応という意味で「**条件反応**」と呼ばれます）。うちの愛犬が２杯目

〈memo〉---

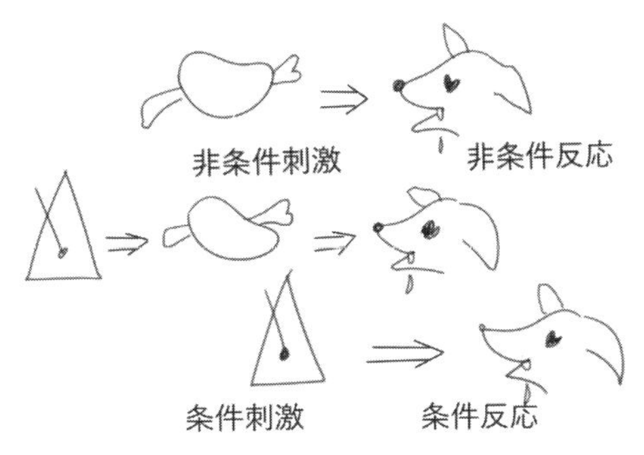

古典的条件付け

のコーヒーを淹れ始めるとケージに向かって走り出すのと同じ原理です。

古典的条件付けでは，非条件刺激（餌）→非条件反応（よだれ）の前に，メトロノームを鳴らすという条件刺激を加えます。これを繰り返すとメトロノームを鳴らすという条件刺激だけで，よだれを垂らすという条件反応がもたらされます。つまり，犬は，「メトロノームが鳴るとよだれを垂らすという行動」を学習したことになります。ただし，条件刺激（メトロノームを鳴らす）は非条件刺激（餌を与える）ほど強力な影響を持ちません。何度か続けているうちに，メトロノームを鳴らしても，餌がもらえないことを再度犬は学習します。犬はいずれよだれを垂らさなくなるでしょう。

さて，皆さんの中にはよだれを垂らすような，何の役にも立たないことができるようになることを学習と呼ぶのに違和感を覚える人がいるかもしれません。ですが，学習の定義――それまでできなかったことが比較的長期にわたりできるようになる――によると，これも立派な学習です。

実は，古典的条件付けによる学習を私たちヒトにも見出すことができます。例えば，小さな頃いたずらをしてお母さんによく叱られていた人はいませんか？ 子供にとって，なぜ怒られたのか分かろうが分かるまいが，大好きなお母さんから叱られるのは嫌な経験です。お母さんが叱るといたずらをやめるのは，非条件刺激と非条件反応の関係とみなすことができます。ところで，お母さんには叱る前に眉だとか口角だとかをつりあげる癖がある，としまし

〈memo〉

ょう（これは条件刺激となります）。叱る前にお母さんがこの癖を繰り返していると，お母さんが実際に叱らなくても，眉を吊り上げたり，口角をあげたりするだけで子供はいたずらをやめたりします（条件反応）。これも古典的条件付けによる学習と言えます。

ところで，極端にショッキングな経験であれば，一度きりの経験でも行動変容をもたらすことが報告されています。例えば，小さな頃に狭い処に入り込み，自力で出られなくなり，長い間誰も気づいてくれず，非常に恐ろしい経験をしたりしたことが，大人になっても閉所恐怖症として残ることがあります。当人は，実際に怖い思いをした記憶自体は薄れていて，なぜ閉所恐怖症になったのか分からなかったりしますが，狭い処(条件刺激)が恐怖を呼び起こす(条件反応)という関係性が行動パターンとして残ったと考えられます。

次に，さらに一歩進んだ学習である，**道具的条件付け**（**オペラントコンディショニング**）について説明します。さきほど説明した古典的条件付けが反射的に生じる反応に注目していたのに対して，道具的条件付けは，望ましい行動の積極的強化に注目している点において，さらに学習らしい学習だと言えます。

アメリカの心理学者スキナー（B. F. Skinner）は，実験の際，明るさ，温度，音など外部環境を制御できる檻（スキナーボックス）を作り，その中にレバーを押すと餌が補給される装置を設置し，ラット（鼠の一種）を閉じ込めました。檻の中で走り回るうちにラットは偶然レバーを押すことで餌にありつきます。これを何度か繰り返すうちに，ラットは餌が補給される限りレバーを押すようになります。つまり，試行錯誤するうちに，行動（＝レバーを押す）→良い結果（＝餌にありつく），を何度か体験し，良い結果をもたらすための行動を体得（学習）したわけです。

さきほど犬の話をしましたが，「お手」や「待て」など犬に躾をするには，これらができた時にご褒美（餌や褒めること）を与えることが肝心です。水族館のイルカやアシカもうまく芸ができると飼育員（調教師）からご褒美のイワシやイカをもらってますよね。実は私たちヒトも子供をしつける際には，

〈memo〉---

この道具的条件付けをよく使います。皆さんも良い行いをして大人に褒められたりご褒美をもらったりして，それが嬉しくて，その行いを続けるようになった経験があるのではないでしょうか。子供は褒めて育てろ，などと言いますが，子供の学習を促進させるには褒めるのがいい，というわけです。

オペラントコンディショニングによる学習

職場でも道具的条件付けのメカニズムを用いた学習はいたるところで見られます。仕事をしていて，上司に褒められたり，同僚や先輩に認められたり，顧客に喜ばれたりすると嬉しいものです。嬉しいから，褒められた行動を続けるようになります。この他，職場では，仕事の結果に応じて報酬が上がったり，条件の良いポジションに配置換えしてもらったり，さらには昇進したりもします。こういった様々な報酬を通じて職場において望ましい態度や行動が促進，継続されていると考えることができます。その結果として，顧客満足度の向上，新製品の開発，技術力の向上，営業成績の向上などがもたらされているとすれば，条件付け学習も捨てたものではありませんね。

このあたりで条件付け学習についてまとめておきましょう。古典的条件付けにせよ道具的条件付けにせよ，条件付け学習は，私たちヒトだけでなく，その他動物にも共通する原始的な学習方法です。条件付け学習では，「刺激」と「反応」を反復することによって，習慣が形成され，長期的な行動変容がもたらされます。ただし，恐怖症のような例外を除き，習慣化するまでには行動上での試行錯誤の過程（例えば，どうやったら餌にありつけるのか，どうやったら上司や顧客に喜んでもらえるのか）が必要です。そういった意味で忍耐力のいる学習方法ともいえますね。一方，実際の行動よりも，私たちの脳内の活動が重要な学習も存在します。次に，このようなヒトならではの学習についてみていきましょう。

〈memo〉

3.3 ヒトの学習

私たちヒトが，他の動物と同じような方法で学習をしているという事実に驚きを感じた人がいるかもしれません。なんといってもヒトには膨大な知識が蓄積され，それを応用して，日々新しい知識や技術が生み出されています。

それでは，ヒトならではの学習とはどのように行われるのでしょうか。例えば，新型コロナウイルス感染症拡大の影響により，それまでの慣習であった毎日の通学や出勤が少なくとも部分的には在宅講義や在宅勤務で代替されるようになりました。この変化に伴い，様々な授業方法や在宅勤務の方法が開発され，適用されてきたことは，記憶に新しいところです。つまり，私たちは新しい学び方，働き方を学習したことになります。

それでは，次のExerciseをやってみてください。

Exercise3-2　あなたはどのようにして新型コロナウイルス感染症予防のための授業方法や働き方の変化に適応することができましたか？

〈記述欄〉

解説　この本を読んでいる皆さんの中には，コロナ禍以降の授業方法や働き方の劇的な変化に驚いた人も多いと思います。私もそうでした。組織行動論の授業の場合，資料配信の講義に切り替えたので，そう面食らった受講生はいなかったかもしれません。しかし，私にとっては話し言葉を書き言葉に変えるのは至難の業でした（ですが，その結果，このテキストを出版する運びとなりました）。

〈memo〉---

当初，大学だけでなく社会全体も大混乱していて，大学全体や学部としての授業方針，授業方法が確定していませんでした。その後，オンライン化の方向性が立ったのですが，私を含めて多くの教員は対面講義の経験しかありません。そのような中，オンラインでの講義方法を試行錯誤する教員も出てくれば，ネット環境をうまく使って授業を実施する大学や学部，あるいは個人の教員などから積極的に情報収集する教員も出てきました。そのうち，そういった教員を中心にオンライン授業化に向けた，オンラインコミュニティが形成され，このコミュニティを通じてオンライン教授法に疎い教員にも情報が配信，共有されるようになり，様々なオンライン教授法に関する学習の機会が提供されるようになりました。

その後，オンラインでの授業が実際に始まり，個々の教員の実施経験に基づいたオンライン授業のメリット・デメリットがオンラインコミュニティ上で共有されるようにもなりました。これらを踏まえ，一人ひとりの教員はその教育目的に照らし合わせ，そして，学生の学習環境にも配慮しつつ，適切な教授方法を採るべく行動を変化させてきました。

私が大学生だった頃，パソコンやインターネットはまだ普及しておらず，文書作成にはワープロ，通信には電話を専ら使っていました。私がＥメールを初めて使ったのはイギリスの大学院生時代で，その頃は研究者等限られた人しか使用していませんでした。それから約 30 年，今では世界中の人がインターネットを通じてつながり，大学の授業もオンライン化されています。驚くべき速さで技術革新が進んでいると言えるでしょう。このようなことは，他の動物では起こりえません。私たちヒトの学習能力が他の動物に比べ，抜きんでている証拠です。

ところでなぜこのようなことが可能となったのでしょうか？ 心理学者のトマセロ（M. Tomasello）は，ヒトは，他の動物とは異なり，他者が自分と同じような意図や精神生活を持っていると理解できるからこそ，他者の心の中に自分を置いてその動きをたどることが可能となり，したがって，他者から直接に学習するだけでなく，他者を通じても学習できる，と主張しています（Tomasello, 1999)。他個体が行動をする際に，意図を持ってそうし

〈memo〉--

ている，と考えるかどうかに，私たちヒトとその他動物の違いがありそうです。

　ところで，皆さんは動物園でチンパンジーを観察したことがありますか？チンパンジーはヒトと 98％以上 DNA が共通しているといわれています。私は娘が小さな頃，よく多摩動物園に連れて行きました。そこにはたくさんのチンパンジーが広い敷地で飼育されていて，しばらく観察しているとまるで人間のように見えてきます。小枝を道具として使い，おやつを食べたりするところを見るとなおさらです。おそらくは最初に一頭が枝を器用に使いおやつにありつくのを見て，他のチンパンジーが真似るようになったのだと考えられます。しかし，トマセロは，これはヒトに観られる模倣学習とは異なる，と述べています。チンパンジーの場合，他個体が物体（小枝）を操作し餌にありつくところ（＝小枝を使う前後の環境変化）を観察してそれを真似るようになります。一方，ヒトは，小枝を使って何かをしようとしている他者の**ストラテジー**に注目します。そして，同じゴールを達成すべく行動を再現する（＝**模倣**），というのです。つまり，同じ行為を真似たとしても，チンパンジーは，小枝を使うと餌がとれることに注目しており，ヒトの場合は，なぜ他者がそうしたのかに注目していることになります。

　さらに，トマセロは，知識やスキルの優れた個体がトップダウン式に他者にその知識やスキルを与えようとする，**教示**による学習も，ごく一部の例外（例えば人間に育てられたチンパンジー）を除けば，他の動物には見られな

ヒトは他者の意図を推測，チンパンジーは他個体を観察

〈memo〉---

いことを指摘しています。多摩動物園に小枝を使っておやつを食べるチンパンジーが多く観察されるのは，他のチンパンジーから教えてもらったのではなく，たまたま他のチンパンジーがそのような行動をとるところに遭遇して，それを真似るようになったためと考えられます。まさに猿真似といったところでしょうか。

なお，教示は，言葉を介しても，介さなくても行われます。後者の場合，現場を共有し，その実践方法を目の当たりにすることで，学習が促進されます。病院などでベテラン医師が患者を回診する際にインターンが同行したりする様子を目にしますが，これは言語を介さない教示と言えるでしょう。さらに，言語を使えば，時空を超えた（生きている場所や時代にかかわらない）対話を通じた協調的な相互作用が可能となり，他者が生み出した，あるいは過去に生み出された既存の知識をベースに，新しい知識を生み出すことが可能となります。

私たちヒトが，改良を重ねつつ，独自の文化を発展させてこられたのは，**模倣学習**と，大人（上級者）が子供（下級者）に積極的に教え込みをする**教示学習**，言語等記号を用いた，複数での対話を通じた**共同学習**によるところが大であるとし，これらの学習を総じて**文化学習**とトマセロは呼んでいます。

心理学者プレマック（D. Premack）も，ヒトが社会を形成し，知識を伝達するのを可能にしたのは，模倣，教育，言語である，と述べています（Premak, 2003）。トマセロと同様，プレマックも，ヒトが学習する上での模倣の重要性を指摘しています。しかし，模倣は新しい動作を生み出さないため，伝統の伝達には役立つが，新たな伝統を生み出す手段にはならない，とも述べています。そして，社会を変化させる強力な手段は，教育であることを強調しています。大人（上級者）が子供（下級者）に，自分が教わったことや自ら見出した新しい知識や技術を教えることで，新たな伝統が生れる，というわけです。私や皆さんが大学や職場で行っていることも，伝統を伝え，新たな伝統を生み出すことにつながると考えれば，なんだかすごいことをやっているような気がしてきますね。

〈memo〉--

さて，**ロールモデル**という言葉をご存知ですか。身近に是非とも見習いたい憧れの人，つまり，ロールモデルがいると，その人を模範とする人のパフォーマンスも向上したりします。皆さんの仲には憧れのギタリストやダンスパフォーマーをロールモデルとして，ギターやダンスの練習をしてきた人はいませんか。独自に練習するより効果は絶大のはずです。模倣学習の成果ですね。

組織の中でも，従業員のパフォーマンスを向上させるために，高パフォーマーをロールモデルとして設定（任命）することは有効です。また，職務上分からないことがあれば上司や先輩に教えてもらいますが，これは教示による学習と言えるでしょう。さらに，組織の中では，従業員同士の対話を通じた相互作用を通じて，新しい知識や技術が生み出されています（この点については次章で考察します）。このような個人レベル，集団レベルの学習を通じて，**組織文化**が引き継がれ，革新されていきます。

ところで，職場は継続的な学習の場であると言えます。学校を卒業し，入社するとまず新人研修があります。新人研修を終え，現場に配属されれば，**OJT**（＝On the Job Trainingの略で，仕事をしながらの訓練のことを指します）担当が指名されていて，その担当者から現場でのイロハを学ぶことになります。OJT担当者には，職階があまり離れていない2，3年上の先輩が任命されることが多いのですが，それは訓練する側である担当者の知識やスキルが訓練される側である新人とはかけ離れていない為，新人が担当者の仕事のやり方を模倣すること（ゴールやその達成のためのストラテジーをつかむこと）が比較的容易であり，さらには，担当者は近い過去に同じような課題や問題を経験，解決済みであるため，新人へ具体的な教示がしやすいことが関係しています。

3.4 結びにかえて

この章では，心理学や認知科学の知見を応用しつつ，個人としてのヒトの

〈memo〉

学習に焦点を当ててきました。皆さんが今ここでこの本を読みつつその内容を理解することができているのも，これまで皆さん一人ひとりが様々な形で学習をすすめ，知識を積み上げてきたからこそ，と言えるでしょう。私たちヒトは，他の動物と同様な方法で学習もしますが，ヒトならではの方法でも学習します。そして，意図を持った存在として他者を見ることができるという点が，ヒトならではの学習に関わっています。

前述のプレマックは，乳幼児は，自ら動き，その動きが目標指向的に見える場合，それがモノであっても意図を持っていると解釈する，という興味深い事実を報告しています（確かにヒトの顔をした機械やおもちゃのアニメーションや人間のように会話する動物のアニメーションは世界中で大人気ですよね）。行動の背後には意図があることを推し量る能力は，私たちヒトに生得的に備わった装置（＝**モジュール**と呼ばれます）である，とプレマックは述べています。

最後に次の Reflection について考え記述しておきましょう。

Reflection 3　あなたの得意なことがどのようにしてできるようになったのか，Exercise3-1 で既に考えてもらいましたが，模倣学習，教示による学習に照らし合わせるとどのようなことが言えますか。

〈記述欄〉

〈memo〉

第4章

組織の中の学習

前章では，私たちヒトの学習とその他動物の学習を対比させつつ説明しましたが，この章では，個人レベルの学習から視界を拡げ，組織の中での学習について，特に集団での学習について理解を深めていきます。ヒトならではの学習は，集団でこそ促進することが可能になります。

4.1　集団での学習

前章の内容を簡単に振り返っておきましょう。学習とは，以前できなかったことが何かを通じて比較的長時間にわたりできるようになることである，と説明しました。そして，学習には，他の動物とも共通する，刺激と反応を繰り返すことで習慣形成に至る条件付け学習と，ヒトならではの文化学習，つまり，模倣，教示，言語等記号を通じた共同学習があることを確認しました。この章では，集団や組織での学習へと内容をすすめていきます。

それでは早速，次の Exercise をやってみてください。

Exercise4-1　あなたの所属する組織集団について具体的に記述してください。

1. そこに所属するようになってどのくらいの期間が経ちましたか？
2. そこで最初にできなかった，①どのようなことが，②どのような過程を経て，今ではできるようになりましたか？

〈記述欄〉

解説　皆さんはどのような組織集団での体験について記述しましたか？ ところで，久しぶりに組織集団，という言葉が出てきましたね。皆さんは何が組

〈memo〉

織集団であるか，理解できているはずですが，自信がない場合は第 1 章と第 2 章をもう一度復習するとよいでしょう。

私の場合ですが，法政大学に赴任して早 20 年近く経ちました。採用された当初から組織行動論の講座を学部と大学院で受け持ってきましたが，法政大学に赴任する以前は研究に専念していればよかったので，授業を行うことに最初は戸惑いました。大学院生は皆社会人で，職場での経験も豊富にあり，学習意欲も高く，それほど教育の上で苦労しませんでしたが，学部生についてはそうはいきませんでした。赴任当時はまだ珍しかった女性教員だったこともあるのでしょうか，登録者数が 800 名を越え，その当時一番大きな教室を使っていたのにもかかわらず初回は教室から溢れんばかりの学生が集まり，その必ずしも授業には向けられないエネルギーに圧倒されたことを覚えています。私は大学生のころ恥ずかしながらろくに勉強しませんでしたので，学部での然るべき大規模教育のイメージをつかむこともできず，どうやって教えたらよいのか随分悩みましたが，試行錯誤したり，先輩教員からの助言を参考にしたりしつつ，うまくいった方法を取り入れ授業内容や授業方法を少しずつ改善してきました。今では一人前の講師として学部生に対する授業もまともにできるようになったのではと（少なくとも私は）思っています。

私たちは皆，最初は組織集団に新人として迎えられます。最初は何もかもが新しく，周りの環境に慣れるのに相当の忍耐と努力を有し，その集団での自分の一挙一動が不自然に感じられたり違和感を覚えたりするものです。あまりに違和感が強いと，その組織集団を離脱してしまうことさえありますが，辛抱強く努力を重ねるうちにその集団の一員として周りから認められ，集団内で自然にふるまえるようになり，さらにはベテランとして新人に仕事のイロハを教えるようにまでなったりします。

このように組織集団への参加を通じて，私たちは様々な事柄を学んでいます。前述の通り，学習といえば勉強を思い起こし，抽象的な一般化された知識（例えば，数学や物理の定理，組織行動論の概念や

〈memo〉- -

理論など）を理解すること，と考えがちです。しかし，学習の定義である長期にわたる行動変容を念頭に置くと，組織集団での経験はまさに学習の連続だと言えるでしょう。そして組織集団での学習のほとんどが，学校での勉強と異なり，学習の場が予め用意されているわけでなく，特定の講師が教えるのでもなく，与えられた役割や職務を本人が実践することを通じて行われます。

4.2　実践を通じた学習

前にOJTという言葉を紹介しました。OJTは職務遂行を伴う訓練のことを言います。通常は2，3年くらい上の職階があまり離れていない先輩がOJT担当となったりします。ちなみに，職場での訓練には，OJTの他に，**Off-JT**（Off the Job Trainingの略）があります。こちらはいわゆる座学で，講師担当者が受講者に対し，現場を離れた場所（研修室等）で行う訓練を言います。OJTもOff-JTもその名の通り訓練する側に焦点があたっていますが，これから説明する実践を通じた学習では，職務を遂行する本人と他者との関係性に焦点があたります。

前章で，ヒトの学習における文化学習の重要性について述べました。私たちヒトは，他者の行為を観察すると，その意図を推し量る傾向があります。レイヴ（J. Lave）とウェンガー（E. Wenger）は観察するだけでなく，実践に参加することが，他者から学ぶ上で，さらに他者と共に学ぶ上で重要であることを指摘しています（Lave and Wenger, 1991）。実践への参加を通じて，他に誰が参加しており，これらが何をしており，日常がどのように過ぎ，上司や先輩がどのように振舞い，上司や先輩が外部の人とどのように関係し，どのように学ぶかを目の当たりにすることで，自らがこれらから一人前として認められるために何を学ぶべきかが分かるようになります。そして，何について，いつ，どのように仲間が協働し，共謀し，衝突し，何を好み，嫌い，敬うのかについても分かるようにもなり，さらには，上司や先輩

〈memo〉--

を一人前になるための見本とすることができます。

実践学習が進むかどうかは，このような日々の実践への参加が新人に認められているかどうか，つまり**正統性**が重要だとレイヴとウェンガーは主張しています。もちろん一人前として認められれば，仲間との協働を通じてさらに学習をすすめることができます。しかし，初心者は一人前になるまでは周辺的な参加から始めざるを得ません。周辺的な参加の正統性が認められなければ，学習の機会は限られてしまいます。このように，レイヴとウェンガーは，「**正統な周辺的参加**（legitimate peripheral participation)」という概念を打ち出し，学習の社会的，実践的側面の重要性を強調しています。

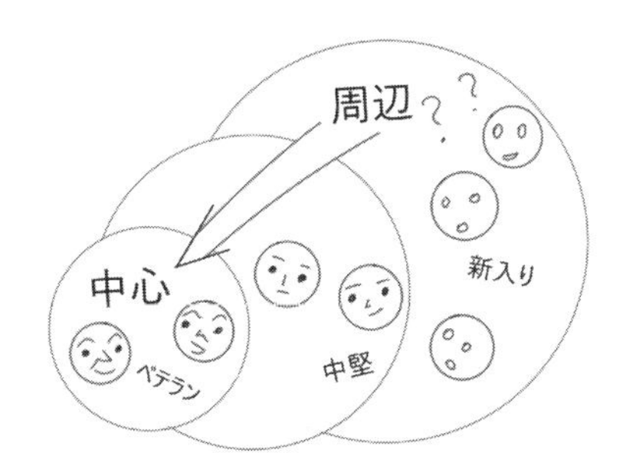

正統な周辺的参加と実践学習

それでは，次の Exercise をやってみてください。

> **Exercise4-2**　Exercise4-1 で取り上げた組織集団について記述しましょう。その集団においてあなたが経験した実践を通じた学習を取り上げ，あなたが①何を，②誰から，③どのように学んだのか，具体的に記述してみましょう。

〈記述欄〉

〈memo〉

解説 前章の Exercise3-2 で紹介した，教員間のオンライン授業に向けたオンラインコミュニティを例にとって考えてみましょう。このオンラインコミュニティでも，正統な周辺的参加を認めています。そこでは，オンライン授業の熟練者が互いに授業方法を開示し，新しい技術やその可能性等について対話することを通じて，より良い方法を探索しています。

私のような初心者はこのような高度な対話に入っていくことは難しいのですが，熟練者の相互作用を観察し，特には分からない点について質問し教示を仰ぐことで，必要な知識やスキルを徐々に学習し，少しずつ周辺的参加から中心的参加へと移動しているような気がしています。

さらに大学院時代を思い起こすと，博士課程に在籍する院生ながら，世界中から招聘された第一線の研究者のセミナーに参加することを許され，そこでベテラン研究者同士の対話や白熱した議論を目の当たりにできたことが，その後実際に研究者として独立した際に良いスタートを切れたことにつながっているように思います。

大学や職場はまさに実践学習の場ですね。実践を通じた学習では，自らの組織集団内での役割やタスク遂行に必要な知識やスキルを身につけるだけでなく，教員，上司，先輩，同期，後輩，外部の関係者など様々なひとや集団と相互作用する際に必要な実践的知識やスキルを学ぶことも可能です。まさに，組織行動を現場から学ぶ絶好の場だと言えるでしょう。

実践を通じた学習の豊かさが，理解できたでしょうか。皆さんも，周辺的参加を積極的に認めてくれるような，懐の深い組織集団にこれからたくさん所属できるといいですね。

4.3 知識社会とナレッジワーカー

度重なる自然災害やコロナ禍などの環境変化に伴い，将来の不確実性が社会全体で高まってきています。しかし，そのような中にも（あるいは，だからこそ）一つ確かなことがあります。それは，これまで以上に学習が重要になってくる，ということです。私たちを取り巻く現代社会は知識社会とも呼

〈memo〉

ばれています。**知識社会**とは常に学習を必要とする社会でもあります。

皆さんのご両親の世代が職業を遂行するために身につけてきた知識，スキルは，その前のご祖父母の世代に比べて，質・量ともに格段に増えてきたはずです。皆さんについては，必要とされる知識やスキルがさらに増えることが容易に予想されます。私たちの周りでは，科学技術や自然環境の変化のスピードが速まっています。この変化に適応すべく，私たちは常に行動を変容させていく，つまり学習を続ける必要がありそうです。

それでは，次の Exercise をやってみてください。

Exercise4-3　あなたのご祖父母はどのような職業についていましたか？ あなたのご両親はいかがですか？ そしてあなたはどのような職業に就いていますか，あるいはこれから就きたいと考えていますか？ その職業に就くには，どのような学習がどの程度必要でしょうか？

〈記述欄〉

解説　ご存知の通り，私の職業は大学の教員です。父は公務員で母は専業主婦でした。父方の祖父母は柿農家で，母方の祖父母は自営業で洋服の仕立屋でした。そして，まだ学生の私の娘はいったいどういう職業に就くのか…今のところ予想がつきません。

このように職業は時代と共に，どんどん変わってきています。戦争を経験した私の祖父母の世代では農業や自営業が主で，親と同様の職業に就く人が多く，親の職場が自宅と兼用になっていることが多かったはずです。親の働く姿を目にしたり，時には手伝ったりして，次第に職業についての理解をすすめ，その

〈memo〉

職業に実際に就きながら実践学習をすすめたことと思います。戦後大人になった私の両親の世代では会社勤めが主流となりました。就職した会社で転勤や異動をしつつ定年まで働く人も少なくなく，OJT や Off-JT を通じて学習をすすめてきたはずです。皆さんのご両親の世代も，やはり会社勤めをしている人が多いのではないでしょうか。OJT や Off-JT の他にも，自己啓発として働きながら専門知識を体系的に身につけた人もいるでしょう。

これからどのような職業が生れ，すたれていくのか，AI など技術革新との関係でよく話題になります。どのような職業に就けばいいのか，そのために何を学習すればいいのか，将来の見通しが立たず，不安に感じている人も少なくないと思います。しかし，どのような職業についても，組織における人間関係にかかわる知識は重要で，役に立つはずです。組織行動論で学んだことを，大学や職場で実践することで，さらに皆さんの学習がすすみ，組織行動に関する知識が豊かになっていくことでしょう。

経営学部の学生ならドラッカー（P. F. Drucker）の名前を一度は聞いたことがあるでしょう。ドラッカーは偉大な経営学者であるばかりでなく未来学者とも呼ばれていました。2005 年に 95 歳の生涯を閉じましたが，その数々の著作において，21 世紀は，**ナレッジワーカー**——常に学習を続ける知識労働者——の時代になる，と主張してきました。そして，ナレッジワーカーには，見習い制度のような実践による学習ではなく，公式な教育訓練によって得られる体系的知識こそが必要であり，現在のような組織化が進んだ社会では，それぞれが専門領域における知識を常に獲得し，アップデートしていくことが重要だと述べています（Drucker, 2002）。

ドラッカーは，ナレッジワーカーを，医者や研究者のような**高ナレッジワーカー**や，コンピューター技師，ソフトウェア開発者，研究所の解析者等，**ナレッジ技術者**に分類していますが，この違いは公式な教育がいかに体系的で

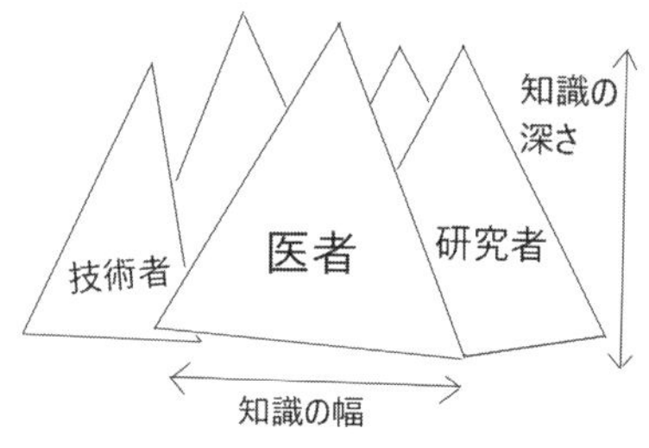

ナレッジワーカーと体系的知識

〈memo〉- -

組織的な学習を促進しているかに基づいています。知識が体系化されていればいるほど，それを基盤として新しい知識を積み上げていくことが可能で，継続的な学習も効果的，効率的にすすめられるというわけです。

ところで，このようなドラッカーの学習に対する見方は，先ほどのレイヴとウェンガーの正統な周辺的参加による学習と，対照的に見えてきませんか？ どうも，ドラッカーが念頭としている知識と，レイヴとウェンガーが考えている知識が，必ずしも一致していないことが，両者の相違を際立たせているようです。いったいどちらの学習がこれからの私たちにとって重要となるのでしょうか。

4.4　体系的学習と実践的学習

知識は**暗黙知**と**形式知**に分類されることがあります。教育機関で教えられ，体系的に学ぶことができる知識は形式知であり，皆さんが今学んでいる組織行動論も，ドラッカーが重視しているのも，形式知だと捉えることができます。

ドラッカーは，ナレッジワーカーとなるには，それ以前に公式な教育訓練を受ける必要があり，さらに，職業生涯をかけて教育を受け続けねばならない，とも述べています。大学生の場合，高校で公式な教育を受け，大学で専門知識を学ぶ基礎ができているかどうかを入試で判定された上で大学に入学し，その後は初年度から各学部のカリキュラムに沿って体系的な教育を受けています。経営学の場合は，卒業後も経営のプロとしての知識を身につけるために，ビジネススクールでMBA取得を目指す人がいます（ビジネススクールではそのような人を対象に教育を実施しています）。

一方の暗黙知とは，私たち一人ひとりが身に着けてきた知識で，言語や記号であらわすのが難しいと言われています。

唐突な内容に見えますが，暗黙知を理解するために，次のExerciseをやってみましょう。

〈memo〉--

Exercise4-4　皆さんは自転車に乗れますか（クロールで50メートル泳げますか）？ 乗れる（泳げる）人は，どうすれば乗れる（泳げる）ようになったのか，説明してみてください。

〈記述欄〉

解説　MBAの話の後で，急に自転車（水泳）の話が出てきて面食らった人がいるかもしれません。ですが，MBAを取得した後で，活動範囲やできることが拡がるのと同様に，あるいはそれ以上に，自転車を乗りこなせる（泳げる）ことによって私たちの活動範囲やできることが拡がっていきます。私も日々の生活に自転車が必要で，自転車に乗れないと大変困ります。

さて，自転車に乗れるように（あるいはクロールで50メートル泳げるように）なるまでには，何回もこけながら（溺れかけながら），うまくいった結果につながるような体の動きを感覚的につかみ，ようやく自転車に乗ること（泳ぐこと）を「体得」したはずです。このような学習方法を皆さんはもう知っているはずです。前の章で学んだ，刺激と反応の反復をもとにした条件付け学習のオペラントコンディショニングですよね。

さて，このような学習方法で何かをできるようになった場合，その方法を言葉で説明するのは難しいですよね。うまく説明できたとしても，その説明を受けた人がいきなり自転車を乗れる（泳げる）ようになるとは思えません。やはり説明を参考にしつつもサドルにまたがり（ビート版を携え）試行錯誤を繰り返し自ら体得することが必要でしょう。時にはこけてけがをしたり，溺れかけたり，多少怖い目にあうことも必要です。暗黙知はこのように体得された知識のことを指しています。

〈memo〉--

先ほどのレイヴとウェンガーについても，形式知より，現場での実践を通じて学習される暗黙知を重視しているように捉えることができそうです。暗黙知と形式知はこのように対照的な特徴を有しますが，実は，暗黙知の研究で有名なポランニー（M. Polanyi）は，暗黙知と形式知を二項対立的には捉えていません。ポランニーは，暗黙知はそれ自体で所有することができるが，形式知は暗黙的に理解され活用されねばならない，と述べています(Polanyi, 1962)。つまり私たち個人が形式知を日々の活動に生かすためには，自らの知識として取り込む必要があります。

組織行動論も学術的な体系になっていますので形式知ですが，それを皆さんの組織行動に生かすには，頭で理解するだけでなく，実践につなげなければならない，ということになります（そのためにこのテキストでは **Exercise** や **Reflection** が用意されています)。自然に実践できるようになると，それはもう体得された暗黙知とみなすことができます。

野中は，この形式知と暗黙知の関係性を職場での学習プロセスにうまく応用し，職場において，複数のひとが相互作用する中で暗黙知と形式知が転換しつつ拡張する様子を**組織的知識創造理論**（**SECI モデル**）として提示しました（野中, 1990；Nonaka and Takeuchi, 1995)。

野中によると，見習いや OJT も含めた，共同作業における模倣や実践を通じて，モノの見方や考え方，技巧的なスキルが暗黙知のまま伝播します(Socialization **共同**)。このような暗黙知を，メタファー（隠喩）や推論，概念，仮説等として，他者との対話や熟考を通じて言語化し，形式知に転換させます（Externalization **分節化**)。このような形式知を組み合わせ体系化します（Combination **連結**)。体系化された知識は，教育訓練に利用され，それを実際に実践に生かすことで個人に取り込まれます（Internalization **内面化**)。

SECI モデルに照らし合わせると，レイヴとウェンガーの正統な周辺的参加が注目しているのは，４つのプロセスの中でも特に実践を通じて暗黙知を共有していく共同化のプロセスであると捉えることができそうです。一方で，

〈memo〉

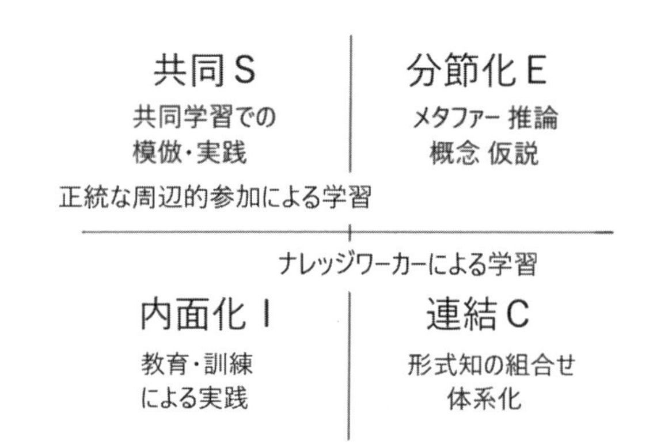

正当な周辺的参加，ナレッジワーカーによる学習とSECIモデル

ドラッカーのナレッジワーカーが必要とするのは，形式知の連結によって生まれた体系化された知識と，それを取り込む内面化のプロセスとして捉えることができるでしょう。

形式知としての体系的な知識が発達していればいるほど，時空を超えて（時代や場所を超えて），知識を連結し拡張していくことが可能です。現に皆さんが今ここで学んでいるドラッカーやレイヴとウェンガーの研究成果も，本や論文として言語化されているからこそ時空を超えて伝わり応用されています。一方で，暗黙知が体得された知識として個人の内に取り込まれている限り，これらを連結するには，同じ時間・場所を共有することが必要となります。したがって，知識の拡散のスピードやその量は限られてしまうことになります。しかし，限られているからこそ，特定のひとの間でしか共有できず（他者が学習することが難しく），貴重で価値のある知識とみなすことができるのです。

ドラッカーは体系的な知識の学習を，レイヴとウェンガーは実践的な知識の学習を重視していると言えるでしょう。どちらがこれからの私たちにとって重要か，という問いを立てましたが，やはり，どちらも重要であり，これから私たちが豊かな人生を送り，より良い社会を築いていく上で，必要とさ

〈memo〉

れる学習だと言えるでしょう。

4.5　結びにかえて

社会人として一人前となれば，学習は必要なくなるのでしょうか。気鋭の歴史学者ハラリ（Y. N. Harari）は，最近の著作で次のように述べています。

> 21 世紀には安定性は高嶺の花となる。もしあなたが何か安定したアイデンティティや仕事や世界観にしがみつこうとすれば，世の中は轟音を立てて飛ぶように過ぎていき，あなたは置き去りにされた危険を冒すことになる。おそらく平均寿命が延びることを考えれば，その後のあなたは途方に暮れた老いぼれとして，何十年も過ごす羽目になる。経済的にばかりでなく，とりわけ社会的にも存在価値を持ち続けるには，絶えず学習して自己改造する能力が必要だ――50 歳のような若い年齢では間違いなく。
>
> （ハラリ，2019, 342 頁 中略部分あり）

ハラリによると，若い世代だけでなく，私のような中高年世代も，21 世紀では若造であり，将来「途方に暮れた老いぼれ」とならないように，まだまだ学習を続けていく必要がありそうです。

これまで二章にわたって，学習を取り上げました。私たちは，他の動物のように刺激に対する反射的な反応を通じて学習をすすめたり，動物よりは遥かに高い知能を有するヒトらしく，仲間として認め合い，集合的に知識を共有し，創造したりすることで学習をすすめてきたことが理解できたのではないでしょうか。21 世紀の真只中で生きていく皆さんが，「自己改造」を生涯続けていけるよう，今後も組織行動論の学習を続けていくとしましょう。

最後に次の Reflection について考え記述しておきましょう。

Reflection 4　あなたのご両親やご祖父母は仕事をする上での知識をどのように身につけたのでしょうか。是非機会を作って聞いてみてください。

〈memo〉--

〈記述欄〉

〈memo〉

第5章

認　知

この章では，新しいトピック，「認知」を取り上げます。認知は前の二章で取り上げた学習とも深く関わっています。学習では，私たちが，周りの環境から情報を取り入れ，行動を変容させていくところに焦点があたっていましたが，認知は，私たちが周りの環境から情報をどのように取り入れ，解釈するのかに関わっています。

5.1 アートと認知

以前，皆さんに私は絵を観たり，描いたりするのが好きだとお伝えしましたが覚えていますか。絵画を含めたアートは，作家独自の世界観を言葉ではなく，直接的にもの（作品）に込めてあらわしたものであり，通常は一点しか存在しません。それが展示されている場所にわざわざ足を運んで，その設置空間の中で，五感を通じて鑑賞するのが一番です。しかるべき場所ですばらしい作品に遭遇すると，心が揺さぶられます。この「すばらしい」という感覚はそれぞれで異なり，万人の心を揺さぶるアートもあれば，特定の人にしか共感をもたらさないアートもあります。いずれにしても，作家の世界観が，これまでに積んできたアーティストとしての研鑽によって磨かれたスキルを通じて，作品となって如実に表現されます。だからこそ，観る側は「すごい」と思ったり，「美しい」と感動したり，「その通り」と共感したり，あるいは逆にぎょっとしたり，時には嫌悪感さえも感じたりする，と言えるでしょう。

一方，自ら絵を描くとなると話は別です。私が初めて絵を習ったのは英国での在外研究中に，気晴らしに大学内で開催されていた夜間のデッサンコースに参加した時です。その時は人物モデルを数回デッサンしました。デッサンではできるだけ忠実に対象を描くことが要求されますが，興味深いことに，同じモデルを対象として絵を描いているにもかかわらず，描かれた絵はそれぞれで異なり，むしろ，描いた本人に似て見えました。対象を見る眼と描き出す手が，その持ち主によって異なるために生じたものと考えられます。

それでは，次の Exercise を皆さん自身でやってみてください。

Exercise5-1　皆さんの目の前に，三つ子の少年（少女）がいるとします。一人目はすぐ目の前に，二人目は 3 メートルほど離れて，三人目はさらに 2 メートルほど（計 5 メートル）離れて立っています。この様子を絵で示してください。

〈memo〉--

〈記述欄〉

解説　さて，絵を描くことを楽しんでもらえたでしょうか。実際に描くとなると難しいですよね。私は右のように描いてみました。三つ子の少年がだんだんと遠くに遠ざかっているように見えるでしょうか。遠ざかるという距離を２次元の平面に表現するにあたり，遠くにあるものほど小さくなる，遠くのものほど薄く不鮮明に見える，近くのものは下方に遠くのものは上方に見える，互いに重なった場合は近くのものが見えて遠くのものの重なった部分は見えない，という遠近法のテクニックを応用しています。遠近法は私たちの視覚傾向を作画の手法に応用したもので，三次元空間に存在するものを二次元空間に表現する際に役立ちます。

作画では，背景をどのように描くかも重要です。私たちは背景と主題とのコントラストによりモチーフを捉えようとするからです。この点に関連した，錯視という厄介な視覚傾向もあります。錯視とは，文字通り，視覚における錯覚のことを言います。私たちは，普段も錯視を経験しています。例えば，地球から見た太陽は同じ大きさのはずが，地表近くに太陽があると大きく見えたり，地表から遠ざかると小さく見えたり，隣り合わせた電車が動き出す

〈memo〉

と，自分の乗っている電車が動きだしたのかのように感じ，駅舎（建物）との関係でようやく止まっていることを再確認したりします。

5.2 認知とは何か

さて，冒頭で認知と学習は関連している，と述べました。どのように関連しているのでしょうか。学習する個人の中で何が起こっているかイメージしてみましょう。学習は，周囲の環境からの刺激に反応することを通じて行動が変わること，あるいは，周りの人間関係（＝社会環境）から情報を取り入れ，自らの見方や考え方，行動を変えること，と捉えることができます。いずれにしても，個人の視点に立てば，周りからの刺激や情報をインプットし，態度や行動というアウトプットを変えていることになります。

今回取り上げる**認知**は，このインプットからアウトプットへ至るプロセスによって態度や行動を変化させる個人の，特にインプットの側面に注目しています。私たちは，同じひとや物を見ても，それぞれをどう見ているかは異なります。同様に同じ状況に置かれても，それをどう捉えるかは私たち一人ひとりで異なっています。つまり私たちは，客観的ではなく，主観的に事象を見たり，捉えたりしているわけです。しかし，その見方，捉え方によって，私たちの態度や行動が変わってくることは容易に想像できます。この私たち一人ひとりで異なる，事象の見方，捉え方，意味づけの仕方に関係するのが認知です。

認知という言葉の意味をまずは確認しておきましょう。認知は，広辞苑では，「事象について知ること，ないし知識を持つこと。広義には知覚を含めるが，狭義には感性に頼らずに推理・思考などに基づいて事象の高次の性質を知る過程」とあります。組織行動論で扱う認知の語源はPerceptionですが，オックスフォード現代英英辞典では次のようになっています。

〈memo〉--

Perception：*the way you notice things, especially with the senses；the ability to understand the true nature of something*

和訳すると，「物事に知覚を用いて気づくこと，何かの本質を理解する力」となります。つまり，広辞苑での広義の解釈に近いことになります。

私たちは，五感の各感覚（sense）を用いて，周りの事象から情報を受け取り，その情報をもとに，事象を理解しているというわけです。そして，周りの事象についての情報が，私たちの感覚器官や知覚というフィルターを通る限り，そして一人ひとりの感覚器官や知覚という情報フィルターが異なる限り，同じひとや物を見たり同じことを経験したりしても，異なる理解を生み出す可能性は大いにあります。

今ここでも，少なくとも同じテキストを皆さんは読み進めているわけですが，面白くて将来役立ちそうだと捉える人もいれば，つまらなくて苦痛だと捉える人もいるはずです。そして，その捉え方によって，学習の進み具合が変わるでしょう。実際に第１章の内容から興味を持って取り組み学習を進めている人，そうでない人の学習の差は歴然としているはずです。今後の学習の進み具合によって，皆さんの今後の組織における行動変化の度合いも変わるはずです。このように認知は，アウトプットとしての私たちの態度や行動につながるインプットとして重要なのです。

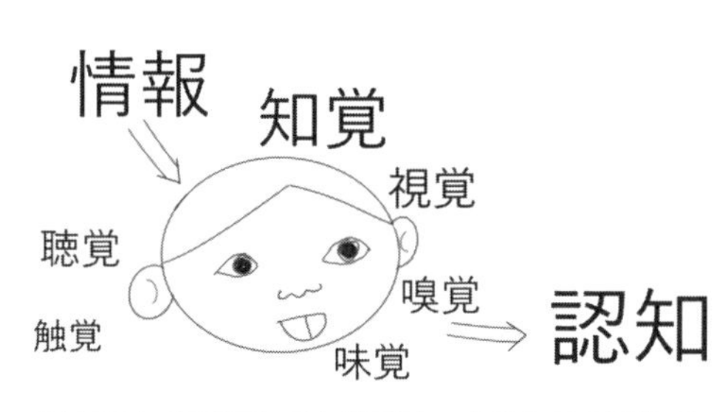

同じことを経験しても認知は一人ひとりで異なる

5.3　認知プロセス

認知プロセスは大きく２つに分けることができます。一つ目は**情報の取捨選択**のプロセスです。私たちは一度に多くの情報を処理することはできま

〈memo〉--

せん。事象の中の一部分，限られた情報に注目，選択し，いわばフィルターにかけられた情報をもとに，周りの状況を捉えています。どの部分に注目，選択するかは，3つの要因に影響されることが分かっています。一つには，事象そのものの性質（＝**認知される対象**）です。私たちには，大きかったり，鮮明であったり，動いていたり，何度も繰り返されたり，新しかったり，あるいはいつも見慣れていたり，背景と対照的だったりする事象に注目し，選択する傾向があります。逆に小さかったり，ぼやけていたり，止まっていたり，背景と混ざっているような事象は見逃してしまいます。前述の，作画手法はこのような点を応用しています。一方，組織の中でも，注目されやすい事象と，なかなか気づいてもらえない事象がある，ということになります。

二つ目は，その事象に向き合うひと（＝**認知するひと**）です。私たちは，それぞれ異なる欲求や関心，性格，経験，期待を有しています。同じモデルを見てデッサンをしても描き手によく似た絵になったりするのも，描き手によって異なる欲求や関心，性格，経験，期待を反映しているためだとも考えられます。また，Exercise5-1 では皆さん自身にも絵を描いてもらいましたが，絵に興味が多少ともある人にとっては，楽しい作業だったかもしれませんが，そうでない人は何で絵なんか描かなきゃいけないのと，疑問に感じたかもしれませんね。これも認知するひとによる相違です。

三つ目の認知に影響する要因は，明るさ，暑さ，湿度等の物理的状況や，周りに誰がいるか等の社会的状況です。

次の Exercise をやってみてください。

Exercise5-2　これまで皆さんは，教室や職場で他の多くの仲間と共に授業を受けたり仕事をしたりしてきました。コロナ禍以降は，オンラインで，自宅で作業をすることが増えたはずです。この状況変化は皆さんの学習にどう影響していますか。

〈memo〉--

〈記述欄〉

解説　自宅の方が授業や仕事に専念できる人もいれば，そうでない人もいるのではないでしょうか。オンラインの場合，ネット環境による影響があります。安定的に大容量のデータがやり取りできる環境なら問題はありませんが，そうでない場合もあるでしょう。これは物理的状況の影響とみなすことができます。静かに授業や仕事に集中できる時間や空間が学校や職場以外に確保できるかどうかも大いに影響を及ぼすはずです。教室や職場とは異なり，自宅では，家族が話しかけてきたり，訪問者があったりして，集中できない可能性もあります。これは社会的状況による影響です。

いずれにしても，いかに私たちが情報に注目，選択する際に，周りの状況から影響を受けているかが，この Exercise を通じて分かったのではないでしょうか。オンライン授業での理解や在宅勤務を促進するには，まずはネット環境を整え，できるだけ周りが静かな時間や空間を選ぶのが大切ですね。そのような状況をすべての人が等しく整備できない限り，本人の努力ではなく，置かれた状況により学習や仕事の捗り方に差が生じる可能性があります。

さて，認知の二つ目のプロセスは**組織化**です。一つ目のプロセスで，情報が取捨選択されますが，残ったのは情報の断片で，まだ意味をなしていません。意味づけを行うには，その情報をどう組み立てるかにかかっています。

物体や，ひと，動物，状況を見たり，捉えたりする際に，私たちはこれまでの経験によって獲得，発達させてきた知識の枠組み（＝**スキーマ**）にあてはめて理解しようとします。例えば，私たちはひとの顔を認識する際，２つの目と，その下に１つの鼻と口があることを前提としています。目が３つあったり，口が目の上にあったり，あるいは目も鼻も口もなかったりすると，

〈memo〉

それはひとではない，と認識するわけです（妖怪ですよね）。一方，小さな子供や絵心に乏しい人が描いた顔の絵では，対象をよく観て描くというより，目や口や鼻だけが単純に配置されていることが多いのですが，それは顔スキーマを応用して絵を描いているからだとも考えられます。

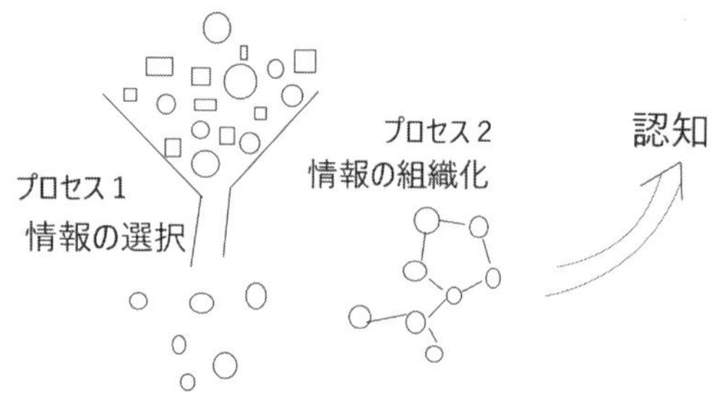

認知の 2 つのプロセス

スキーマの中でも，特に，物事の時系列的な生じ方に関するものを**スクリプト**と呼びます。例えば，私が大学で担当する，日本人を対象とした組織行動論の講義では，授業中の学生の発言は私語を含めてほぼなく，質問はいつでも手を挙げてどうぞと伝えていても，たいていは講義終了後に学生が遠慮がちに教壇のところまで来て質問をしています。一方，海外からの留学生を対象とした授業（GBP）では，学生同士の議論や教員への質問も授業中に頻繁に行われています。授業が終われば，それぞれの学生が「また来週」とか「ありがとう」とか講師を含め互いに声をかけて教室を離れます。

どちらも授業スクリプトですが，日本語の授業形態に慣れた人が GBP を受講すると，最初はどう対応すべきか戸惑うでしょう。GBP の学生も日本語授業に参加すれば，少なからず戸惑いを覚えるはずです。これは互いの授業スクリプトが異なるためです。

コロナ禍によりオンライン授業や在宅勤務が増えましたが，これにより，授業の受け方や職務遂行の仕方も，以前のスクリプトとは変わりました。皆さんも，現在ではオンライン授業や在宅勤務のスクリプトに慣れてきた人が多いはずですが，頭の中に新しいスクリプトが出来上がるまでは戸惑いを感じたはずです。

〈memo〉--

5.4 対人認知とステレオタイプ

それでは，つぎの Exercise をやってみてください。

Exercise5-3　あなたがご存知の大学教員を１人思い浮かべてください（私でも構いません）。その教員をどのように捉えていますか？ なぜ，そのように捉えるのでしょうか？

〈記述欄〉

解説　さて，皆さんはどのような記述をしましたか。個人的には興味がないわけではありませんが，内容そのものよりも，なぜ皆さんがそのように捉えたかが大事です。私たち一人ひとりのこれまでの経験が異なり，獲得してきた知識も異なる限り，私たちがひとを見る際にあてはめるスキーマ（パーソンスキーマ）も異なります。パーソンスキーマの一つである「大学教員スキーマ」も，皆さん一人ひとりで異なるはずです。それは，これまで皆さんが実際に，あるいはマスメディアなどを通じて間接的に，出会ってきた大学教員が異なり，これらの限られたサンプルに基づき，大学教員の類型や典型に関する知識を発達させてきたからです。皆さんはそれぞれの大学教員を独自の「大学教員スキーマ」にあてはめて，この先生は大学教員らしいとからしくないとか，面白い教員だとか面白くない教員だとか，判断していることになります（ただし，講義で大切なのは皆さん一人ひとりの学習を促進するような授業内容であり，教員そのものではないことを付け加えておきます）。

私たちは，ひとに遭遇した際，そのひとが属する特定の集団に関する知識

〈memo〉

に基づき理解しようとします。例えば，私の場合は，大学教員や働く女性，といった集団をあてはめることができますが，私に初めて会う人は，これらの集団についてこれまでに出会ったひとや，得てきた知識を基に，私を判断する傾向があるはずです。

ところで，第１章で，組織集団とアイデンティティ集団の関係性を説明した際に，大企業の部長とスーパーのパート従業員をイメージしてもらいましたが，覚えていますか。大企業の部長は中年男性を，スーパーのパート従業員は既婚女性を思い浮かべた人が多かったはずです。これは大企業の部長，スーパーの従業員という集団に対する皆さんのこれまでの知識を反映しています。実際に大企業の部長には中年男性が，スーパーのパート従業員には既婚女性が多いことは事実で，これは，アイデンティティ集団に基づいた採用や配置，処遇が組織集団で行われているから，という説明をしましたよね。

それでは，アイデンティティ集団に基づいた採用，配置，処遇は組織にとって望ましいことでしょうか。例えば，部長の一歩手前に実力は十分ですが性別だけが異なる２人の候補者がいたとします。この場合，男性だから，あるいは女性だから，という理由で昇進を判断することは適切でしょうか（ちなみに，このような状況で以前は男性の方が昇進に有利でしたが，女性活躍推進法が成立した現在は，女性の方が昇進に有利な場合もあります）。

私たちは，ひとを認知する際に，そのひとの所属集団をベースにした，画一的な見方をあてはめる傾向があります。これを**ステレオタイプ**と呼びます。例えば，ジェンダーに関するステレオタイプとして，男性は機械に強いが女性は機械に弱い，があります。私も実はメカ音痴ですが，知っている人ならともかく，知らない人にいきなりメカ音痴扱いされるのには抵抗があります（実際，大型家電の買い替え時に，男性店員に性能の違いの説明を求めた時，はなからメカ音痴扱いをされ，驚きを超え怒りさえ感じたことがあります）。ちなみに，（この店員のように）私たちは異性に対してステレオタイプをあてはめることが多いのですが，それは同性よりも異性と接触する機会が少なく，よって異性についての**パーソンスキーマ**（ひとに関するスキーマ）が発

〈memo〉--

達していないため，ショートカットであるステレオタイプにあてはめて理解せざるを得ないからだと考えられます。

このように，私たちは，特に，知らないひとや初対面のひとにステレオタイプをあてはめる傾向があります。日ごろ遭遇する一人ひとりのひとを理解しようとしたら相当の時間や労力がかかります。実際にそのような時間や労力をすべてのひとにかけていたら，生活が成り立ちません。ですので，私たちはあまりよく知らないひとにはステレオタイプというショートカットを適用して接する傾向があるのです。

ところで，最近，移民や外国人に対する差別的発言や行為が問題となっています。このような差別は，実際に移民や外国人と遭遇したことがなかったり，遭遇しても互いの理解を深めるような関係まで発展させてこなかったりしたひとに見られる傾向です。私たちは，それまでよく知らないひとを認知するとき，知らず知らずのうちにその個人が所属する集団への画一的な見方である，ステレオタイプをあてはめて理解しようとします。しかし，このステレオタイプが，遭遇した実際のひととかけ離れている場合，当然ですが問題が生じます。知らない集団の中にも，私たちが所属し，よく知っている集団と同様に，多様性があると考える方が妥当です。

特に，組織の中では，ステレオタイプの適用は危険です。先ほどの例を取り上げましょう。部長を採用するのは部長より職階が上で，ほぼ男性であり，その地位に達するまでに，妻や母として，あるいは顧客として女性と接する機会は多くとも，頼りになる職場の同僚として女性と接してきた機会は少なかったはずです。男女の昇進候補者がいる中，女性の候補者を個人としてよく知らない限りは，この候補者について，これまでに遭遇した女性に基づいた，典型としてのステレオタイプをあてはめて評価し，男性を昇進させるにふさわしいと判断してしまう懸念が生じます。

一方で，スーパーのパート従業員はどうでしょうか。パート労働であれば，家庭生活との両立が可能で，女性一般へのステレオタイプにぴったりです。スーパーのパート従業員に既婚女性を積極的に採用することに問題はないの

〈memo〉--

でしょうか。

ステレオタイプによる認知のゆがみ

組織は目的を達成するために共に働く集団で構成されています。組織の中で，個人をどの集団に配置するかは，その目的を達成するための役割期待に基づいて決定すべきです。部長職は，組織の目的を達成すべく，部門内にインプットとして必要とされる資源（資金や人材，情報，設備）を投入し，これら資源を管理し，アウトプットとしてのサービスや製品を産出することを通じて，部門の目標を達成し，組織全体に貢献することが組織上の役割として期待されているはずです。部門を代表して，他部門や上層部，あるいは組織外の関係者と情報をやり取りし，協業し，利害関係が一致しない場合は，調整や交渉も必要でしょう。

スーパーのパート従業員の例に戻りましょう。パート従業員は，パートである限り時間面では限定的に働いていますが，それぞれが配置された部門の目標を達成すべく努めることが正社員と同様に期待されています。このような役割期待に応えられる資質や能力，知識，スキルに主眼を置いて配置を決めなければ，組織が目標を達成し，目的を遂行する上での妨げとなってしまいます。スーパーに来る客層のほとんどを既婚女性が占める場合，従業員として既婚女性を雇うのは，顧客のニーズを把握し，それに対応した商品やサービスを提供する上で，組織戦略上有利に働き，目標達成に貢献するかもしれません。一方，最近は，子育て期や退職した夫婦が共に，あるいは中高年男性が１人でスーパーで買い物をしている姿もよく見かけます。このような場合には，女性ばかりでなく男性も従業員として採用した方が，サービスや売上げの向上に貢献できそうです。

前述の通り，個々人の資質や能力，職務経験に裏付けられた知識やスキルを反映して，組織内での採用，配置，処遇がなされているのなら問題はありません。一方，組織の中でステレオタイプを適用することは，時間や労力を

〈memo〉

かけずに済むかもしれませんが，ステレオタイプは個人で異なる資質や能力，経験や知識を反映しておらず，組織の目的や目標を達成する上で必ずしも良い結果をもたらすとは言えません。

5.5　結びにかえて

私たちには自然に備わった様々な認知傾向があります。そして，私たちは，意識しなければ，このような傾向に気づかずに過ごしています。組織の中で私たちは様々なひとと出会い，組織の外でも様々なひとと接します。その際，ひとをどのように認知するかによって，相互の関係性や自身の組織行動が変わってきます。これからの社会関係を豊かにするには，画一的で単純なステレオタイプではなく，多様でかつ詳細なパーソンスキーマを発達させるべく，様々なひととの関係性を拡げ，深めていくことが必要となるでしょう。

それでは，最後に次の Reflection について考え，記述しておきましょう。

Reflection 5　あなたは初対面のひとにステレオタイプをあてはめたことはありませんか。あるいはあなた自身がステレオタイプをあてはめられた経験を思い起こしてみましょう。

その時，相手との関係はどうなったか，あなたはどう感じ，行動したか，思い出して記述してみましょう。

〈記述欄〉

〈memo〉

第6章

認知の歪み・原因の帰属

　前章で紹介したステレオタイプは，認知の歪みを引き起こす一因です。このような歪みが生じないようにするには，歪みの傾向を知ることが第一歩となります。私たちが他者と関わる際に，ステレオタイプの他にどのような歪みの傾向を持つのでしょうか。さらにこの章で詳しく見ていきましょう。

6.1 認知の歪み

早速ですが，次の Exercise をやってみてください。

Exercise6-1　あなたはこの組織行動論のテキストについて，どのように評価していますか。それはなぜでしょうか。

〈記述欄〉

解説　皆さんがどのように評価しているのか，否定的ではないことを願っていますが，ここで大事なのは，やはり「なぜ」の部分です。もちろん，このテキストそのものをよく検討して評価してくれた人もいるでしょうが，おそらくは，最近読んだ他の経営学関連のテキストとの比較において，評価した人が多いのではないでしょうか。このように私たちは，ひとや物事を評価する際に比較を行う傾向があります。その比較が客観的であり，だれから見ても合理的であれば，問題は生じません（例えば，大学の成績評価は，できるだけ客観性を保つため，評価項目やそれぞれの項目が評価に反映される割合がシラバスに記載されています）。ですが，組織の中で日々生じる評価には，どうしても主観が入り込みます。前章では，ステレオタイプという対人認知の歪みについて，昇進の際の男女の候補者の評価を例に説明しました。

私たちは，誰かと比較して，あるいは何かと比較して，物事を判断する傾向があります。あるひと（あるいは物事）の性質について，そのひと（物事）の前に遭遇したひと（物事）が，高く評価されたか低く評価されたかによって印象が変わることを，**対象効果**と呼びます。本来，組織の中でのひとの評

〈memo〉

価は，そのひとが組織内で期待されている役割を適切に果たしているかどうかによってなされるべきです。しかし，実際には前任者がどうであったかによって評価が左右されてしまったりします。後任者の評価は，優れた前任者の後では低めに，残念な前任者の前では高めになされる傾向があります。特に組織のトップ（例えば，会社の社長や国や自治体の首長など）を評価する際にはこのような傾向がよく見られます。採用面接時にも，前に面接した候補者の優劣によって次の候補者の印象が変わってしまったり，グループディスカッションであれば，同じグループの他者の優劣によって自分の評価が変わってしまったりする可能性があります（人事のプロフェッショナルはこのような歪みをなるべく排除するように評価を行っているはずですが）。

初対面のひと（や物事）を評価する際に生じやすい認知の歪みには，**ハロー効果**があります。ハロー（halo）とは，もとは仏様の頭上から放たれる円輪，光明のことです。ハロー効果は，私たちが１つの目につきやすい特質にとらわれるあまり（≒後光の眩しさに目がくらみ），その他の詳細に目が届かなくなり，その特質のみで全体を判断してしまう傾向を示しています。初対面の挨拶で笑顔が素敵だったひとは，優しくて良いひと，信頼できるひとにちがいないなんて思ったりしませんか？ これは素敵な笑顔という，外見によるハロー効果だと言えるでしょう。見た目でひとを判断してはいけない，とよく言われますが，外見と職務遂行能力に直接的な関係がないにもかかわらず，見目優れたひとは組織の中で優遇されがちなことが分かっています（見た目に惑わされないようにしましょう）。

ところで，大学生の中には，就職活動を始める時期になった途端にそれまでの茶髪を黒く染め直し，企業訪問の際には好きでもないダークスーツに身を包んでいる人がみかけられます。このように髪を染

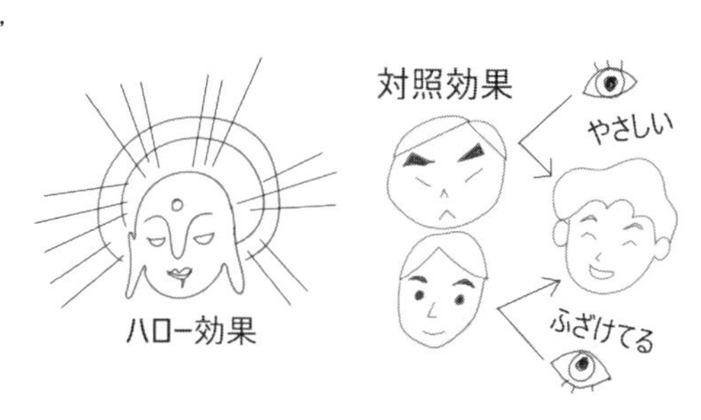

〈memo〉

め直したり，ダークスーツに身を包んだりするのは，外見によるハロー効果を防いでいるとも考えられます。奇抜な髪型や服装で面接に挑むと，面接官は仕事に熱心に取り組んでくれるのか疑問に感じ，候補者のポテンシャルに気づいたり，仕事に関わるもっと大事な要素について対話を通じて聞き出そうとしたりしなくなるかもしれません。

6.2 認知される私

他者の自分に対する認知はなるべく良いものであって欲しいものです。ありのままの自分を肯定的に認めてもらうことが理想ですが，それは自ら（認知される対象）がどういうひとであるかはもちろん，相手（認知するひと）と状況にも依存することを前章で確認しました。相手に，ステレオタイプや対照効果，ハロー効果のような認知の歪みが生じると，ありのままの自分を理解してもらうことが難しくなってしまいます。自分の認知の歪みは意識することである程度修正できたとしても，相手の歪みの修正は難しそうです。あるいは，ありのままの自分と理想の自分がかけ離れており，ありのままの自分を他者には見せたくないというひともいるでしょう。

中には，他者の自分に対する認知に積極的に影響を及ぼそうとするひともいます。このような行為を**印象操作**と呼びます。例えば，私は教員になった当初，教室では，なるべく低い声でゆっくり話すよう努力していました。他の女性教員にもそのようなひとが少なからずいるようです。女性の声は男性に比べ高音で軽やか（特に私の地声は高音域）ですが，相手を説得する際には不利に働く場合もあります（女性へのステレオタイプやハロー効果を誘発する可能性があります）。このように社会的状況に合わせ，相手が自分の話の内容に集中し，理解しやすいように声色や話すピッチを意識して変えることは印象操作の一例だと言えます。就職活動で茶髪を黒髪に染め直し，ダークスーツに身を包むのも，相手にしかるべき印象（＝真面目で誠実）を与えるべく意識している場合は，印象操作です。

〈memo〉--

印象操作には３つのステップが存在すると言われています。まずは①自分が相手に与えている印象に気づき，②その印象を変えるかどうか検討し，③最後にどのような印象をどのように相手に伝えるか決定します（Rosenfeld, 1995）。ところで，組織を目標達成に導くリーダーは，フォロワーに対して印象操作を戦略的に行うこともあります。実際のリーダーの力量がどうであるかはもとより，フォロワーがリーダーをどう認知するかに，リーダーシップの有効性が関わっているという研究成果もあります（French and Raven, 1959）。誰もが凡庸なリーダーよりも，優れたリーダー（例えば，パワー溢れるリーダー，包容力のあるリーダー）についていきたいと思うものです。同じリーダーでも，後者の印象を与えるような言動をリーダーが示す場合と，そうでない場合は，リーダーシップの効果性が異なってきます。印象操作という言葉からは少しずるい印象を受けるかもしれませんが，リーダーが印象操作を行うことは，組織の目的を追求し達成する上で，必要だと考えられています。

就職活動時の見た目と印象操作

しかし，印象操作は必ずしも良い結果をもたらすわけではありません。例えば，政治家の学歴詐称がこれまで何度かニュースで取り上げられてきました。選挙の際に，どの候補者に投票するかは，候補者の掲げる政策やその実行能力によって判断すべきです。しかし，すべての候補者の政策について調べたり演説を聴いたりすることは時間の面でも労力の面でも困難です。有権者の中には，選挙当日になって，投票場近くの掲示板で写真と学歴だけを確認するひとも少なくありません。外見と学歴はハロー効果をもたらします。私たちは，外見で候補者の性格特性を，学歴で候補者の政治能力を判断しがちです。だからこそ，掲示板での候補者の写真は皆感じの良い笑みをたたえ，学歴詐称が選挙の際に起こりがちなのです。学歴詐称は，候補者が①自分の

〈memo〉

実際の学歴を否定的に捉えており，②その学歴がもたらす印象が自らの立場や職務を遂行する上で妨げになると感じ，③より高い学歴を詐称することで都合の良い印象を与えようとする，印象操作と捉えることができます。しかし，間違った情報を有権者に流すということはそもそも政治家の資質として大問題ですね。皆さんはしっかり政策を検討してから投票してください。

6.3 認知する私

前章で，認知プロセスとして，第一に情報の注目，選択のプロセスがあり，次に組織化のプロセスがあり，最終的に解釈に至ることを確認しました。当然のことですが，最初の注目，選択のプロセスでフィルターにかけられた情報が異なれば，最終段階の解釈は異なってきます。私たちが，情報の取捨選択を行う際に生じる認知の歪みに，**選択的認知**があります。選択的認知とは，私たちがひとや事象を判断する際，自分の欲求や価値観，態度と矛盾しない局面を選択し，認知する傾向のことを言います。

一緒に行った旅の思い出を語る際に，絵を描くことが好きな人は，美術館で見た絵や，美しい景色が思い浮かぶでしょうが，食べることが好きな人ならば，旅先のレストランや，おいしかった料理を思い浮かべることでしょう（私と娘はいつもこんな感じで話がかみ合いません）。同じ状況に置かれても違う現実を見，異なる経験をしている，ということになります。組織の中でも選択的認知は生じます。例えば，会社の売り上げが落ちている場合，製造や設計部門では市場に投入している製品の性能が良くないのではと捉えるでしょうし，マーケティング部門では市場のニーズをつかめていないと考えるかもしれません。経営者は特定部門の部長の資質や能力を問題とするかもしれません。

次の Exercise をやってみてください（唐突なようですが，認知の歪みに関係しています）。

〈memo〉

Exercise6-2　あなたの仲の良い友人を思い浮かべてください。なぜ，あなたはその人と友達になったのか考えてみましょう。

〈記述欄〉

解説　改めて問われるとなぜかな，と思った人も多いことでしょう。いろいろと考えつく理由を書いてくれたはずですが，おそらく皆さんに共通するのは，その友達が自分を好ましく思ってくれているように感じたからではありませんか。私たちは自分を肯定的に見てくれる人と交わる傾向があります。また，私たちは自分との類似性や相違点に基づき，他者を判断する傾向があります。そして，自分と似通った人と親しく交わり，集団を形成する傾向があります。友達についても，同様のことが言えるはずです。おそらくは互いに似通っている何かを，相手が肯定的に捉えているという事実が，互いを友達として認めることにつながっているものと思われます。

選択的認知の典型は，**自己認知**です。私たちが自分自身をどう見ているかに関わるのが自己認知ですが，私たちは，自己認知の際，自己イメージを否定しない情報を選択する傾向があります。自分を肯定的に見てくれている人とは会話も弾み，関係が深まります。逆に自分を否定的に見るような人とは会話が弾まず，関係はなかなか深まりません。

ところで，皆さんの中に，自分は写真写りが悪いと感じたり，レコーディングした自分の声や話し方に驚いたことがある人はいませんか（私も最近 Zoom で自分が話す映像を見たり，自分の声を聴いたりする機会が多いので

〈memo〉

すが，最初は多少の違和感がありました）。自己イメージと現実がずれている証拠だと言えます。

自分に見えている自分と，他者が見ている自分に乖離が生じると，他者とのコミュニケーションがうまくいかない，という研究結果もあります。自己を肯定する程度が過剰であると，自信過剰，傲慢と映り，他者とのコミュニケーションがうまくいきませんね。逆に自己を否定する傾向が強いと，自信を失い，他者にうまく働きかけられなくなってしまいます。等身大の自分を受け入れ，他者にも開示していくことがよりスムーズな関係につながります。

6.4　内集団と外集団

前章で，ステレオタイプという認知の歪みについて説明しました。男性（女性）が女性（男性）に対して，日本人（外国人）が外国人（日本人）に対してというように，ステレオタイプは，自分の所属していない集団にあてはめられる傾向があります（前章の説明では，遭遇したことがない，よく知らないという説明をしましたが，それは自分がその集団に属していないからだとも言えます）。自ら所属しているとみなす集団を**内集団**，所属していないとみなす集団を**外集団**と呼びます。様々な心理学上の実験を通じて，私たちが内集団，外集団それぞれに対し異なる認知を行い，その結果，異なる態度・行動を示すことが分かっています。

ところで，以前，社会的アイデンティティ理論を紹介しましたが覚えていますか。次の Exercise は，社会的アイデンティティ理論の提唱者であるタジフェル（H. Tajfel）らが実施した，**最少条件集団実験**と呼ばれる心理学実験に用いた分配マト

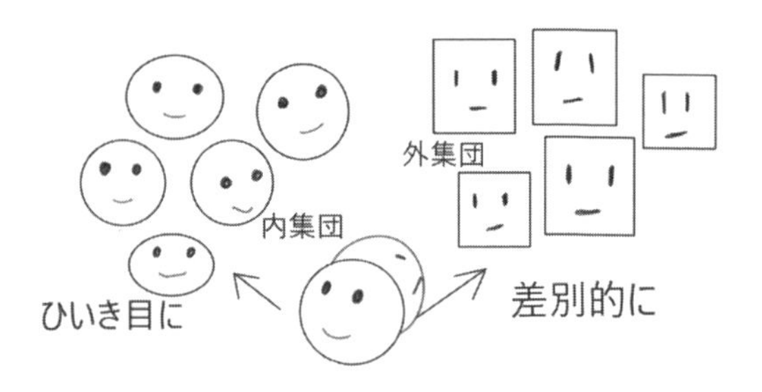

〈memo〉--

リックスを再現したものです（Tajfel 他 1971）。

それでは，次の **Exercise** をやってみてください。

Exercise6-3　あなたの内集団のメンバー（X）と，外集団のメンバー（Y）を思い浮かべてください。以下 A, B の２つの状況において X と Y に何かを分配する際，A, B それぞれでどの分配を選びますか（A, B それぞれについて，丸の例示のように囲んでみましょう）。

A

Y	7	8	9	10	11	12	13	14	15	16	17	18	19
X	1	3	5	7	9	11	13	15	17	19	21	23	25

B

X	7	8	9	10	11	12	13	14	15	16	17	18	19
Y	1	3	5	7	9	11	13	15	17	19	21	23	25

〈記述欄〉

Ａの組み合わせ　（Y, X）＝（　　，　　）

Ｂの組み合わせ　（X, Y）＝（　　，　　）

解説　さて，A, B それぞれのパターンにおいて，皆さんはどの組み合わせを選びましたか。

A と B のパターンは数値の配列は同じですが，X と Y の位置が逆になっています。見て分かる通り，A のパターンでは，右に行くほど内集団メンバー X の取り分は増えますが，同時に外集団メンバー Y の取り分も増えます。もし皆さんが平等主義者であれば，どちらも同じ取り分である真ん中の組み合わせ（X, Y）＝（13, 13）を選ぶでしょうが，内集団ひいきであればあるほど右側に寄った組み合わせを選ぶはずです。

B のパターンは A とは異なります。右へ行くほど内集団メンバー X の取り分は増えますが，それ以上に外集団メンバー Y の取り分が増えていきます。

〈memo〉

一方，左へ行くほどＸの取り分は減りますが，ＸはＹより多くを得ることができます。絶対的な取り分を優先するのか，相対的な（差別的な）取り分を優先するのか，意見が分かれるところですが，内集団ひいきが強い場合は，左寄りの組み合わせを選ぶことになりますね。

Ａのパターンでは，内集団ひいきであればあるほど，中央より右寄りの組み合わせを選ぶことは容易に理解できます。一方で，Ｂでは内集団ひいきの傾向が強い人ほど，左寄りの組み合わせを選ぶことになります。興味深いことに，タジフェルらは，Ｂのパターンにおかれた被験者の多くに，中央より左寄りの組み合わせを選ぶ傾向を見出しました。つまり，内集団メンバーの利益を減らしてでも，外集団の人に格差をつけようとする傾向が私たちの多数に見られることを見出しました。

なお，この実験の被験者は，実験前に行われたテストによってＸとＹにグループ分けされたと実験者から説明されました。しかし，実際にはランダムに２つの集団に振り分けられており，自分がどちらのグループであるかについて知るだけで，同じグループに配置されたメンバーと面識はありませんでした。そのため，この実験は最少条件集団実験と呼ばれています。つまり，私たちの多くは，ほんの些細なきっかけで集団にふりわけられても，自集団（内集団）をひいきし，他集団（外集団）を差別してしまう傾向があるということになります。

以前に，皆さんの所属する集団について記述してもらいました。私たちにも，自分が所属する集団を内集団と見なし，それ以外を外集団と見なすことで，内集団のメンバーをひいきし，外集団のメンバーを差別してしまうことはありえます。

例えば，職場では，ジェンダー，国籍，年齢による処遇格差がながらく問題とされてきました。この背景には，壮年期の男性が組織の多数を占めており，これらが，自己集団以外のメンバーを差別する傾向から生じるものと捉えることもできます（組織の中枢メンバーから外集団として位置づけられた

〈memo〉---

女性や外国人，高齢者は正当に評価されない懸念があります）。繰り返しになりますが，組織の中でのひとの評価や処遇は，そのひとが組織内で期待されている役割を効果的，効率的に果たしているかどうかでなされるべきです。私たちには，ほんの些細なきっかけでも，他者を内集団，外集団に振り分け，内集団のメンバーをひいきし，外集団を差別する傾向があることを認識しておくことは，差別を排除する上で大事な第一歩と言えるでしょう。

6.5　原因の帰属

これまでに，ステレオタイプや内集団ひいき，外集団差別のような認知の歪みが生じると，ひとに対して正当な評価や処遇がなされないことを確認してきました。それでは，私たちはどのように他者の行動を評価しているのでしょうか。さらに，詳しく見ていきましょう。

私たちが，ひとの行動を観察した際に，どうしてその行動がなされたのか，その原因を考える推論を，**原因の帰属**と言います。原因の帰属は，ある事象について，①その原因を理解し，②その結果についての責任を追及し，③それに関与したひとを評価する際に役立ちます。原因帰属には，関与したひと自身に原因を求める場合（＝**内的原因帰属**と呼びます）と，それ以外の要因，例えば状況などに原因を求める場合（＝**外的原因帰属**と呼びます）があります。組織では，良い結果がもたらされても，悪い結果がもたらされても，内的原因，外的原因のどちらがどの程度寄与しているのか，できるだけ厳密に判断し，評価に結びつける必要があります。

まずは，私たちがひとの行動を観察した時に，原因の帰属をどのように行うのか，そのプロセスを確認しましょう。私たちは，①行

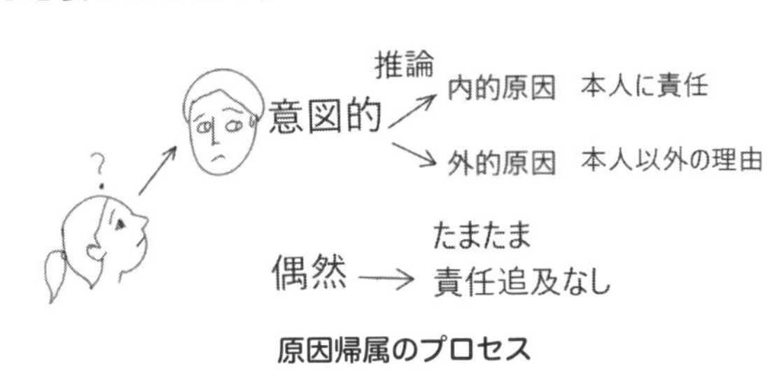

原因帰属のプロセス

〈memo〉

動を観察し，②その行動が意図的になされたかどうかを判断します。意図的でない場合は，偶然であり行動する本人には責任がない，と理解します。しかし，意図的であると判断された場合は，③その理由について推論を行います。その際，行動した本人に責任を求める内的原因帰属か，本人以外に理由を求める外的原因帰属を行います（Shaver, 2016）。

さらに，私たちが，行動した本人に原因を求めるか（＝内的原因帰属），本人以外の要因に原因を求めるか（＝外的原因帰属）を判断する際，特殊性，合意性，一貫性の3つの要素が影響することが指摘されています（Kelly, 1973）。**特殊性**とは，行動した本人が異なる状況でも同じような行動をとるかどうかに関連します。**合意性**とは，同じような状況に置かれた他者が同じような行動をとるかどうかに関わっています。**一貫性**とは，行動した本人が過去にも同じような行動をとっていたかどうかに関係します。

例えば，組織行動論を受講している，ある学生の成績が悪かったとしましょう。この学生が他の講義では良い成績をとっているならば，特殊性があると判断され，成績が悪いのは本人のせいではなく，その他，例えば組織行動論の授業方法に問題があると推定されます（＝外的原因帰属）。しかし，この学生が他の講義においても成績が悪い場合は，特殊性はないとみなされ，学生自身の努力や能力の不足が原因だと推定されます（＝内的原因帰属）。また，組織行動論を受講している他の学生の成績も押しなべて悪ければ，合意性が認められ，評価方法に原因があると推定されます（＝外的原因帰属）一方，他の学生の中に成績の良い人がいる場合は，合意性は認められず，この学生本人に原因があると推定します（＝内的原因帰属）。さらには，この学生の成績が以前も振るわなかった場合には，一貫性が認められ，学生自身に原因があると推定しますが（＝内

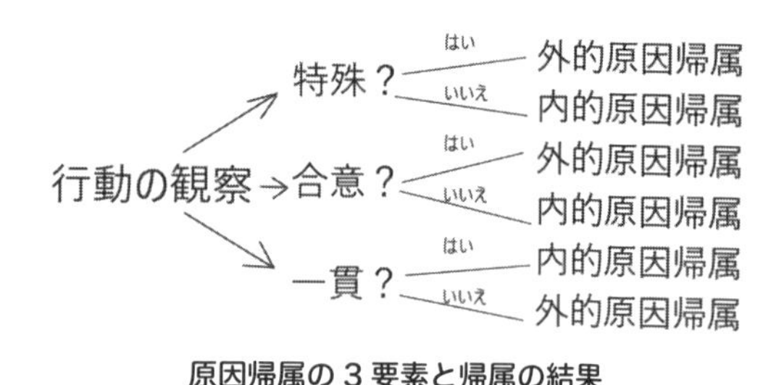

原因帰属の3要素と帰属の結果

〈memo〉--

的原因帰属），今期だけだとすれば，一貫性が認められず，学生が今期置かれた状況が原因だと推定されます（＝外的原因帰属）。このように，私たちは，特殊性，合意性，一貫性に基づき合理的な推論を行っていると考えられています。

ですが，私たちの認知に歪みが生じるように，私たちが原因を帰属する際にも，歪みが生じることも分かっています。以前，ヒトとチンパンジーの学習を対比させた際に，私たちヒトにユニークな特質として，「他個体が意図をもって行動する」と理解していることを述べました（乳幼児の，自ら動き，その動きが目標指向的に見えると，たとえそれがモノであっても意図を持つと解釈する興味深い傾向についても紹介しました）。この他者の意図を汲み取ろうとする私たちの傾向は，原因を帰属する際の誤解を時に招いてしまいます。私たちは，他者の行動の原因を推論する際，その行動が意図的になされたとみなし，内的な原因（行為するひとの性格や態度，能力など）を過大評価し，外的な原因（そのひとの置かれた状況）を過小評価する傾向があります。このような帰属バイアスを，**基本的な帰属のエラー**と呼びます。

その他にも，自分の行動の結果を評価する際に，成功は自分自身の手柄とし（内的原因帰属），失敗は他者や状況のせいにする（外的原因帰属）傾向があります。このような傾向を**自己奉仕的バイアス**と呼びます。自己奉仕的バイアスは，以前に説明した通り，私たちが自己を認知する際，自己イメージを否定しない情報を選択する傾向があることと関係しています。ただし，自己高揚を動機づけとする欧米に対して，自己批判傾向の強い日本においては，成功や失敗に対して**自己批判的バイアス**が生じる，という指摘もあります（北山，1998）。

さらに，他者の行動を評価する際に（＝自分が観察者である場合に），他者自身の内面に原因を帰属（内的原因帰属）する傾向があるのに対して，自分の行動（＝自分が行為者である場合）については外的原因を過大評価する傾向も報告されています。これは**行為者＝観察者バイアス**と呼ばれています。

組織の中でひとの評価はつきものです。運が良くてたまたまうまくいった

〈memo〉--

結果に対して，それに関わったひとの功績を過大に評価したり，状況が悪くて結果が出せなかったのに，関わったひとにすべての責任を転嫁したり，他者の失敗を過度に非難したり，自分の失敗を過度に擁護したりすると，組織内の人間関係を悪化させます。こうなると，互いに協力して目標を達成するのは難しくなってしまいます。結果が良くても悪くても，事実関係を精査し，憶測ではなく事実に基づき原因を究明し，正当な評価に結びつけることが重要です。

6.6 結びにかえて

前章とこの章では，認知と帰属を取り上げました。私たちは，認知というプロセスを通じて，ひとや事象を理解し，ひとの態度や行動を解釈しています。しかし，認知が私たちそれぞれで異なる感覚器官，知覚を通して行われる限り，同じ現実に直面していても，それを同様に捉えている（＝同じ経験をしている）とは限りません。さらに，私たちの認知には，様々な歪みが生じる傾向もあります。私たちは自分自身や自分が所属する内集団をひいき目に捉える一方で，外集団のメンバーを差別的に捉える傾向もあります。ひとの行動の結果の責任を追究する際にも歪みは生じます。かならずしも行動した本人に責任がなくてもその責任を追及してしまったり，本人の功績でなくても過大に評価をしてしまったりする懸念があります。

周りのひとや物事を客観的に見るのは至難の業であり，自分自身で自分を客観的に見ることはさらに困難ですが，自分が認知する自分（自己イメージ）を他者から認知される自分に近づけていくこと，さらには他者が認知する自分（他者の自己イメージ）を理解することが，他者との関係性を拡げ，深めていく上では必要だと考えられます。そのために，まずは自らの認知の歪みに気づくことはもとより，時には，他者の認知の歪みを生じさせないよう努めることも必要だと言えるでしょう。

それでは，最後に次の Reflection について考え記述しておきましょう。

〈memo〉--

Reflection 6　基本的な帰属のエラー，自己奉仕的バイアス，行為者＝観察者バイアスを自らの体験にあてはめて考えてみましょう。どのような場面で，このような現象が生じたのでしょうか。

〈記述欄〉

〈memo〉

第7章

感　情

私たちは，組織の一員として，上司や同僚，顧客等，様々なひととの関わりを持ちます。他者と相互作用する中で私たちには様々な感情が生じ，他者にも様々な感情がもたらされます。相互に生じる感情を，どのように捉え，どのように管理し，関係性に生かしていくかが，社会関係が複雑化する中で益々重要になってきています。この章では，感情を組織行動論の観点から考察していきます。

7.1 感情の役割

早速ですが，次の Exercise をやってみてください。

Exercise7-1 あなたの所属する組織集団で，最近あなたが腹立たしいと感じた出来事について，1）それはどのような原因で起こり，2）それに対してどのように対応し，3）その結果，相手との関係がどうなったか，記述してみましょう。

〈記述欄〉

解説 感情的になってはいけない，冷静に対応すべきと思いつつ，この Exercise を記述した人もいるのではないでしょうか。怒りに任せて行動することは相手ばかりでなく，自らにもマイナスの影響を及ぼすことがあります。怒りのような強い感情は，適切にコントロールがなされないと，社会関係を阻害してしまいます。暴力やテロなど，怒りに端を発する悲惨な事件が日々報道されています。

怒りは，私たちヒトばかりでなく，他の動物にも生じますが，争いという行動と結びついています。長年にわたり霊長類を研究してきた山極寿一は，ニホンザルの群れは，オス同士の優劣関係を明確にすることで，資源配分の際に生じる争いを回避しており，優位なオスが優劣関係を乱すような行動をとった劣位なオスを攻撃し，攻撃されたオスはさらに劣位なオスを攻撃する，というようにオス同士のけんかは順位が高い方から低い方へと波及し，結果として順位序列が保持されているという，興味深い現象を報告しています。ただし，同種の動物同士の争いは，相手を抹殺することでなく，限りある資源を巡っていかに相手と共存するかを模索することにある，と山極は述べています（山極，

〈memo〉

2007)。この点，怒りにまかせひとを殺めてしまう人間の方が動物的にも思えてしまいます。

なぜ私たちは怒る（怒ってしまう）のでしょうか。認知科学を専門とする戸田正直は，ヒトの怒りの起源を動物の縄張り行動に求めています。動物の場合，縄張りへの同種の他個体の侵入を許せば，生存上不利になるため，侵入者に対する怒りという感情が生じたとしています。戸田は，私たちヒトは動物のような自然環境ではなく社会環境の中で暮らしているため，動物における「縄張り」が「権限の範囲」（ここまでのことは自分の裁量権だが，そこから先は別の人の裁量権といった社会的ルール）に置き換わったという説を主張しています。つまり，私たちヒトは，自分の権限の範囲を誰かが侵害すると認めると，侵害者に対し怒りの情動を起動し，侵害者に対して何らかの可罰行動をとるというわけです（戸田，1992)。**Exercise** で取り上げた皆さんの怒りの原因も，ひょっとしたら自分より劣位だと思っている相手が生意気な行動をとったから，あるいは，他者が，自らの権限の範囲，プライバシーを侵害したと感じたからかもしれませんね。

さて，この章のトピック「感情」ですが，感情という言葉は英語の Emotion からきています。認知科学領域で Emotion は，情動と訳されることが多いのですが（この章のタイトルも当初は『情動』としていました)，情動と感情はどう違うのでしょうか。神経学者のダマシオ（A. Damasio）は，情動という言葉に感情の概念が包含されることが多いものの，外にあらわれる外面的な部分を情動，内に留まるプライベートな部分を感情とし，「情動は身体という劇場で演じられ，感情は心という劇場で演じられる」という興味深い表現を用いて両者を区別しています（ダマシオ，2005)。ダマシオは情動と思考が結びついていることも指摘しています。例えば，悲しみの情動が身体で展開されると（悲しい時には心臓のあたりが痛み，涙も出てくるものです)，即悲しみの感情が内面で生じ，さらには悲しみの情動と感情を引き起こすような思考が脳内で展開され，その思考がさらに特定の情動や感情

〈memo〉

を引き起こすという，連続的な情動と感情，思考の興味深い関係性について述べています。

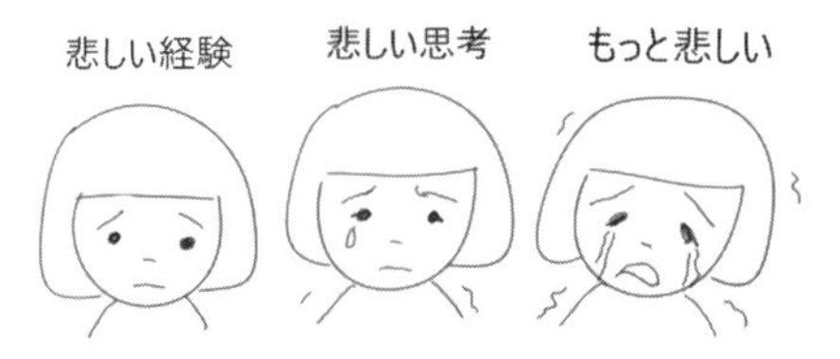

感情と思考の連鎖

また，脳科学者のマッガウ（J. L. McGaugh）は，情動をかき立てられるような経験は記憶に残り易いことも指摘しています。情動を生じさせた経験を覚えておくと，人生の様々な局面に適応していく上で，大きな価値がある（役立つ）からだと説明しています（マッガウ，2006）。泣け（怒れ）ば泣く（怒る）ほど悲しく（腹立たしく）なり，さらには悲しい（腹立たしい）思考や記憶が溢れるように出てきてさらに悲しく（腹立たしく）なってしまうことが確かにありますが，悲しい経験（腹立たしい経験）を繰り返さないためにも，しっかりと記憶に残し，将来に役立てていくことも大切ですね。

7.2　感情と文化

つぎの Exercise をやってみてください。

Exercise7-2　あなたに，講義中，あるいは就業中に分からないところがあるとしましょう。すぐに教員や上司に確認しなければ前に進むことができそうにありません。ただ，その内容はあまりにも単純に思えます。教員は講義の途中で，上司は他の案件で忙しそうにしているとしましょう。あなたならどうしますか。

〈memo〉

〈記述欄〉

解説　以前にスクリプトの解説で取り上げましたが，日本語プログラムの組織行動論の授業中には，滅多に質問の手が挙がりません。しかし，英語プログラムでは手を挙げる前から質問をし出す人さえいます。この違いには，使用する言語（英語プログラムでは講師にとっても学生にとっても英語は外国語で，そういった面で分かりにくいのかもしれません）や教室のサイズ（日本語プログラムは大教室なので講師と学生間の距離が遠い）といった状況要因もあるでしょうが，質問をしようとしている学生本人の感情や，他の学生に及ぼすだろう感情にも原因がありそうです。

日本語プログラムでも英語プログラムでも，分からないことをそのままにしておくのは「もどかしい」はずです。通常はこのような情動を解消しようと行動（＝質問）します。しかし，日本語授業プログラムのスクリプトをあてはめて物事を捉えている日本の学生には，大人数の中で手を挙げ質問することは目立つ行為で，自分が一人目立つのは「恥ずかしい」という感情や，自分の質問内容が見当違いでくだらなければ「恥ずかしい」という思考や，過去に経験したそのような「恥ずかしい」自他の記憶が呼び起こされ，授業中に質問しないのではないでしょうか。なお，組織行動論の日本語プログラムでは，授業終了後に質問にくる熱心な学生はいますが，授業が既に終了していれば，このような「恥ずかしい」という思いをせずに，「もどかしい」情動を解消することが可能だから，とも考えられます。就業中も同様です。こんな単純なことが分からない自分が「恥ずかしい」やら，忙しそうにしている上司を煩わせては「申し訳ない」と遠慮する人が多いのではないでしょうか。

国やその文化によって，感情にも相違が認められうることが推測されます。授業中や就業中に質問を積極的にするかしないかは，個人の性格はもとより，

〈memo〉- -

文化によって異なる他者との関係性や，関係性の如何によって想起される感情の違いからも説明できそうですね。

文化人類学者のベネディクト（R. Benedict）は，「恥ずかしい」という感情を日本人特有のものと見なし，著書『菊と刀』において，日本と欧米をそれぞれ「恥の文化」「罪の文化」として対比させつつ考察しています（ベネディクト，2005)。『菊と刀』が出版されたのは半世紀以上も前ですが，授業中や就業中の質問を躊躇する皆さんの中には，恥の文化はまだ残っているのかもしれません。（一方，罪の文化だと，分からないことや間違いをそのままにしておくことは罪であり，質問に至るのかもしれません。）

私たちが日々経験している感情を含む心のプロセスは，所属する集団の歴史の中で蓄えられ，作り出された社会・文化的プロセスである，という見方もあります。文化心理学者の北山忍は，次のように述べています。

> 人は，社会的に関与するよう生物学的に仕組まれた上で，生まれてくる。一旦，ある特定の文化の中に生まれると，その文化の慣習や暗黙の通念などに自らを反応させ，両者を連動させることにより，文化の一員になっていく。そして，その過程で，そのような反応を促進する心理傾向やそれを可能にする様々な心のプロセスが芽生えていく。
>
> （北山，1998：7頁）

以前に取り上げた条件付け学習や，模倣，教示，言語による文化学習によって，私たちの心のプロセスである感情の一部が発達してきた，と考えられます。北山は，日本をはじめとする東洋文化には，自己とは他者と相互に協調，依存したものであるという通念があり，このような文化・社会に適応し，そこにあるコミュニティで「一人前」として自他共に認められるには，意味ある社会関係を見出し，自らをその中の重要な一部として認識し，周りの人からもそう認識されることが重要だ，と述べています。そして，相互に依存・協調し，他者と密接に結びついた自己を確認することが，自己や人生一般への満足の大きな要因となると述べています。一方，欧米文化では相互独立的

〈memo〉--

自己観が優勢であり，自己と他者は相互に独立した存在であり，コミュニティで「一人前」と自他ともに認められるには，自らの内に望ましい，誇るに足る属性を見出し，作り出し，確認し，外に表現することが重要であり，このような自己を確認できることが，自己や人生一般への満足をもたらす大きな要因である，と述べています（北山，1998）。

このような他者との関係性やそこから影響を受ける自己観と，感情の間にも関係があることが示唆されています。北山は，「甘え」「親しみ」「尊敬」「負い目」「申し訳ない」などの感情は，相互協調的な対人関係を基盤とし，そのような関係を育むのに対して，「優越感」「つけあがり」「ふてくされ」「怒り」などは自己をそのような関係性から引き離すものとして経験される，と述べています。また，アメリカ人大学生を対象とした研究では，「恥」の感情は「怒り」の感情へ変換されやすいことを例に出し，その背景に，個人の独立を優先する欧米文化の存在を示唆しています。ちなみに，日本以外の東洋の諸文化，例えばインドやミクロネシアでは，「怒り」がわき上がると，「悲しみ」に変換する慣習があるという興味深い事例も提示しています（北山，1998）。

7.3 感情的知性

Exercise4-3 で，皆さんのご両親やご祖父母の職業について尋ねたことを覚えていますか。その時（トピックは学習でしたので），時代と共に，仕事上で必要とされる知識やスキルが変化し，その変化のスピードが速まり，私たちは働く上で常に新しい知識やスキルを獲得していくことが必要な点について確認しました。テクノロジーの変化は私たちに常に学習を求め，働き

〈memo〉--

方にも大きな影響を及ぼしてきました。

ひとと機械の相違

AI の出現で少なからぬ現存の職業が近い将来に消えることも予測されています。AI が一度に処理できる情報量やスピード，分析結果を伝達する速さや正確さは到底人間の比ではありません。数値や言語等の記号であらわされた情報を様々なソースから集め，一定のルールや基準に従い処理することは，AI の得意分野であり，このような作業を主とする仕事は（現時点では社会的地位の高い専門的知識を有する職業であれ）いずれ AI で代替されていくことでしょう。一方，AI が苦手とされているのは感情の読み取りや表出です。外面上は驚くほど人間にそっくりなロボットが各国で開発されていますが，実際にひとと対話しているところを見ると，表情や動作，声の抑揚がぎこちなく感情が伝わってこない為，到底ひとには思えませんし，ひとが発する言葉はともかくその背後にある感情をロボットが察することは現時点では難しそうです。相互の感情を理解することが必要な，複雑なコミュニケーションを要する仕事に AI を活用することは，不可能とまでは言わないまでも，まだ当分は時間がかかることでしょう。

実際，自他の感情を理解し，相互の関係性に有効に活かしていくことは，私たちひとにも容易なことではありません。相手の感情を理解できずに相手との関係を悪化させてしまった苦い経験は誰にでもあるのではないでしょうか。相手との相互関係がうまくいかないと，焦ったり，不安になったり，怒りを感じたりといったネガティブな感情が生じ，さらに関係が悪化することがあります。一方，関係がうまくいっていると，嬉しさや喜びを感じ，さらに関係が深まります。組織の中では，上司，同僚，部下，顧客等の様々なひととの関係の上で役割を遂行します。その関係性の中で生じる感情を，組織目標の達成に向け，プラスの方向に活かしていくことが期待されています。

ところで皆さんは **IQ**（Intelligence Quotient）という言葉を聞いたこと

〈memo〉--

がありますか。IQ は知能の発達程度を示す指標で，特別な検査に基づいて算出されます。IQ のレベルと学歴や職業は関連していることが報告されています。例えば，高卒者よりも大卒者，さらには学士号より修士号や博士号取得者の方が IQ は平均して高く，ブルーカラーよりはホワイトカラーの，そして，ホワイトカラーの中でも専門職や管理職で IQ は平均して高い傾向が指摘されています。例えば，医師には，難しい国家試験に合格しなければなれませんので，高い IQ が必要でしょう。

しかし，医師になったからといって，医療現場で即活躍できるとは限りません。現場で患者に向き合うには，医療の専門知識はもとより，患者の不安や恐怖等その場の感情に気づき，対応することも必要です。さらに，リスクの高い状況においては，患者の不安や恐怖のみでなく，自身の恐怖や不安と戦いつつ，対応にあたることが求められます。また，看護師や薬剤師，その他医療専門職と効果的にコミュニケーションを取りつつ協業するには，相互の感情を理解し，うまく関係性に活用することも必要となります。

IQ に対して **EQ** という言葉が良く使われます。EQ は心の知能指数，Emotional Intelligence（以下 EI）を IQ に模して表した通称で，**EI** は心理学の分野で発達してきた概念です。ゴールマン（D. Goleman）は，EI と IQ は相互に独立しているが，相互補完的に働いており，たとえ IQ が高くても EI が低ければ学校や職業生活での成功は難しいと述べています。そして，EI は具体的には次の 5 つの要素から構成されると指摘しています（Goleman, 1995, 1998）。

1. 自己覚知：自身のその場の感情に気づきその感情をより良い意思決定に活かすこと，自身の能力を等身大で評価し，根拠に基づいた自信を所持していること
2. 自己管理：目前のタスクを実行するために自身の感情を妨げでなく手助けとなるように管理すること，目標を達成するために目先の利益にとらわれず用心深くふるまうこと，気分的に落ち込んでいても立ち直ることができること

〈memo〉--

3. モチベーション：自己を目標に向かって動機づけたり，何か新しいことを始めたり，改善のために努力したり，逆境や挫折を経験してもそれに耐えたりするのに，本心を用いることができること
4. 共感：他者の感情に気づき，他者の視点で物事を捉え，様々なひとと関係を築き調和をはかること
5. 社会的スキル：他者との関係の中で感情をうまく管理し，その場の社会的状況やネットワークを的確に判断できること，他者との相互関係をスムーズに行えること，協力とチームワークのためにこれらのスキルを用いて他者を説得したり，リードしたり，交渉したり，論争を集結したりできること

（Goleman, 1998：318 頁）

EI の概念そのものや計測手法には懐疑的な見方もありますが，確かに EI の各要素は組織内での関係性を，目標達成に向けてプラスの方向性に向けるために必要なようです。実際の組織においても，採用，配置，昇進，ストレスマネジメントの訓練等に EI が活用されています。

なお，IQ と同様 EI にも遺伝的要因と生育環境が影響することが分かっています。EI は特に幼少期に発達することが判明しており，子供は親を中心とした周りの大人から，他者とのかかわりにおいてどのような感情表現や感情行動がふさわしいかを学び，獲得していくとされています（Matthews, 2004）。心理学者のトマセロは，赤ちゃんが 1 歳になる頃には，自分に他者がどういう感情を抱いているか理解できるようになることを指摘しています。その後，親を中心とする大人との社会的やり取りや談話を通じて大人の伝達意図を理解するようになり，同年齢の他者との談話も他者理解の発達を促す，と述べています（Tomasello, 1999）。このような身近な大人や仲間とのやり取りが幼児期の心の発達を促し，それをベースとして，多様な他者と効果的に関わる上で必要な感情的知性が獲得されていくのではないか，と考えられます。

EI は成人してからの発達は幼少期より難しいことが報告されていますが，

〈memo〉--

大学でも職場でも多様な他者と深く関わることでEIの発達は促進されるはずです。

7.4　感情労働

最後に，**感情労働**を取り上げましょう。感情的知性（EI）も感情労働も，労働に関連していますが，EIは個人の特性であるのに対して，感情労働は労働の特性です。社会学者ホックシールド（A. R. Hochschild）は，相手に適切な心の状態を喚起させるように，自分自身の感情を引き起こしたり抑制したりすることを要求する労働のことを，感情労働と名付けました（Hochschild, 1983）。ホックシールドによると，感情労働において，**表層演技**と**深層演技**が求められます。前者は，状況により本来喚起される感情を相手に分からないようにコントロールすることで，後者は，自分の感情に働きかけることで，相手だけでなく自分の感情をもコントロールすることを意味します。

例えば，大学生の皆さんの中には飲食店や塾で働いている人もいるでしょう。時には酔っ払いや無理な要求をする生徒の相手をしなければならないことがあります。こんな時，内心は腹立たしく思っていても，笑顔で冷静に対応することが職務上要求されます。これは表層演技ですね。一方，凶悪な事件に遭遇すると恐怖を覚えるものですが，警察官が内心怯えていては職務を全うできません。消防士は燃え盛る火を前にしても果敢に消火活動に励みます。そして，医療関係者は，自らが感染するかもしれないリスクを乗り越え，感染症患者の救助に尽力します。これは感情労働の深層演技と見なすこともできます。

前述のダマシオの見解に照らし合わせれば，表層演技では，情動も感情も

〈memo〉--

隠して他者に応対していることになりますが，深層演技では，本来の情動や感情，特に感情が，思考や記憶の積み重ね（経験による訓練）によって，労働に適するよう変容した，とも考えられます。

一方，このような自然な身体反応としての情動を変化させ，制御することには多大な負荷が伴うようです。感情労働における長期にわたる心理的負荷の蓄積は，**バーンアウト**（燃え尽き症候群）をもたらすことが報告されています。バーンアウトは医療現場や紛争地帯等，生死を伴う現場で働くひとによく観られる現象です。肉体疲労であれば，栄養をとって休めば数日で治ることがほとんどですが，心の疲労であるバーンアウトから回復するには長期を有します。

また，感情労働は職務の重要な要素であるにもかかわらず，正当に評価されていないという指摘もあります（Steinberg and Figart, 1999)。新型コロナウィルス感染症のパンデミックにより，医療や看護の他，保育や教育，介護等のひとの世話をするケアワークがいかに私たちの社会にとって重要な職業であるか，その社会的価値が再認識されつつあります。ケアワークは典型的な感情労働と言えますが，医師や高等教育機関の教員を例外として，女性が多く従事してきたことや，他の典型的な専門職（例えば，弁護士や会計士）と比べて，必ずしも公式な教育機関での長期にわたる教育訓練を必要としないこともあり，知識労働者とはみなされていません。このため，職業の社会的価値が正当に認められず，低賃金や悪条件で働く労働者が多い職業でもあります。感情労働，特に深層演技を必要とする感情労働を適切に実践するには，高度の感情的知性や実践学習が必要であることは容易に想像できます。感情労働の正当な評価には，その価値を理解できるような評価者の感情的知性が求められている，とも言えるでしょう。

〈memo〉--

7.5　結びにかえて

この章では，感情について，その起源や文化的相違，さらには知性や労働との関わりについて確認しました。

それでは，最後に次の Reflection について考え記述しておきましょう。

Reflection 7　Exercise7-1 の場面のあなたの怒りに対する対応について，感情的知性の観点から，どのような点が評価でき，どのような点に改善が必要でしょうか。５つの要素に従い，分析してみましょう。

〈記述欄〉

〈memo〉

第８章

モチベーションと自己

この章から４回にわたってモチベーションについて考察をすすめます。モチベーションは，私たちが外部の環境からの刺激に反応し，環境に働きかける際の，私たちの内面から生じる働きかけの方向や強さ，その持続性に関係しています。本章では，なぜ私たちは環境に働きかけようとするのかについて，モチベーションと自己の関連性を通じて検討していきます。

8.1 モチベーションとは何か

早速ですが，次の Exercise をやってみてください。

Exercise8-1　あなたはこれまでどのような組織活動に従事してきましたか。参加してきた（参加した）活動を 3 つ挙げてください。各々の活動に対するあなたのやる気の度合いを，5 段階で評価してみましょう。そして，これら活動による，やる気の差はなぜ生じる（生じた）のか，理由を考えて記述してみましょう。

〈記述欄〉

活動 1（　　　　　　　　　　　　　　　）やる気の度合い（　　）
活動 2（　　　　　　　　　　　　　　　）やる気の度合い（　　）
活動 3（　　　　　　　　　　　　　　　）やる気の度合い（　　）

やる気の差が生じる理由

解説　皆さんの中には，学生ならゼミや部活，サークル，アルバイトなど，複数の活動に携わっている人が少なくないはずです。社会人も，職場内で異動し異なる部署を経験したり，職場以外に地域活動や趣味の活動に参加したり，過去も含めると様々な活動に参加してきたことでしょう。それぞれの活動に参加している時の自分を改めて振り返ると，その関わり方には違いがあるはずです。嫌々参加している場合もあれば，喜々として参加している場合もあるでしょう。このような関わり合いの違いはなぜ生じるのでしょうか。

皆さんのやる気の差はどのような理由によって説明できましたか。私も様々な組織活動に従事していますが，その時々でやる気の度合いは異なります。私の場合は，その内容に興味や関心が持てるかどうかが，やる気に関わっていま

〈memo〉---

す。私の興味や関心は，その活動を通じて，社会科学上の問題や課題を感じられ，自分が関与することで，その問題や課題解決が促進されるかどうかが大いに関連しているように思います。

Exercise8-1 では「やる気」という言葉を使いました。モチベーションという言葉をあえて使わなかった理由は，モチベーションがあまりに身近な言葉であるがゆえに，正しく理解されていない懸念があるからです。

それでは**モチベーション**とは何なのでしょうか。神経学者のルドウ（J. LeDoux）は，私たちをあるゴールへと導く神経活動をモチベーションとみなしています。**ゴール**は，私たちにとって望ましい結果であったり，恐れている結果を回避したりすることもあれば，実在する事象というよりは，私たちの信念や考えであることもあります。これらゴールが誘因となり，私たちの情動を喚起することで，その情動をなんとかすべく，私たちに行動を起こすようモチベートする，とルドウは述べています（ルドウ，2004）。前章で，情動と行動の関係について学びましたが，行動や思考とつながる情動に関わっているのが，モチベーションである，と考えると分かり易いですね。

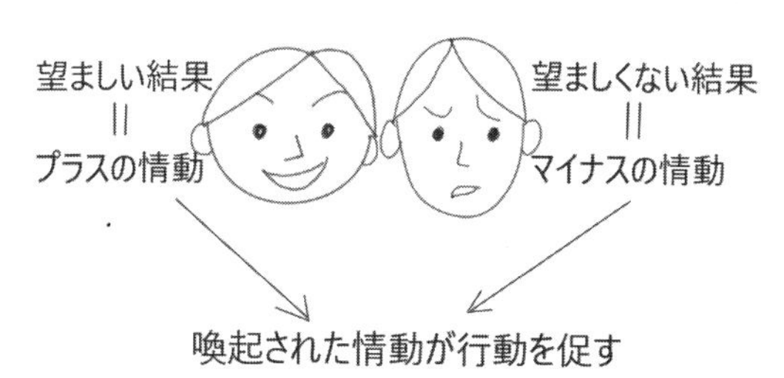

それでは，これまでのモチベーションの説明を踏まえて，次の Exercise をやってみてください。

> **Exercise8-2**　最近，授業や職務上で提出したレポートについて振り返ってみましょう。なぜ与えられた期限までにそのレポートを提出しましたか。

〈memo〉--

〈記述欄〉

解説 レポート提出は必須だから期限に間に合うように提出した，と書いた人は，前述のモチベーションに関する説明の応用ができていません。それでは，ゴールに対する情動喚起というルドウの視点を踏まえて考えてみましょう。まずは皆さんがゴールとみなしたものは何でしょうか。どのようなゴールであれ，それは情動喚起を通じて，私たちの行動を誘発します。レポートの提出による単位取得や上司の指示への対応がゴールであれば，レポート提出期限が近づくとそのゴールに到達していない「焦り」を感じ，このような情動を解消するために急いでレポートを作成し提出したのではないでしょうか。このような人は，レポート提出によって，焦る気持ちはなくなり，学習へのモチベーションも消失したはずです。

一方，レポートの課題の背景にある「なぜ」に関心を持ち，その「なぜ」を解明，解消することをゴールとした人は，自分のレポート内容が「なぜ」を解消する上でどの程度有効なのか「もどかしさ」や，自分の知識不足に対する「不満」を感じているかもしれません。その場合は，そのもどかしさや不満を解消すべく，今後も授業や職務に努めて取り組むでしょう。授業や職務の内容が分かるにつれて，自分の知識不足感やもどかしさは徐々に減っていくはずです。

ここまではゴールに注目してモチベーションを捉えてきました。ゴールは**誘因**として私たちの外側に存在しますが，私たちの内側から私たちを行動にかき立てる**動因**に注目したアプローチもあります。動因説では，私たちは動因を低減するために行動する，と考えます。動因には，他の動物と同様に私たちに生得的に備わる，基本的動因（飢え・渇き・性欲・痛みなど）と，私たちヒトが後天的に獲得した動因があると考えられています。なお，ルドウ

〈memo〉

は，動因は私たちを内側から押すのに対して，誘因は私たちを外側から引っぱる，という興味深い表現を用いて説明しています（ルドウ，2004)。

8.2　モチベーションへのアプローチ

ヒトとしての個人から，組織の中での個人に視点を移しましょう。皆さんには，冒頭の Exercise8-1 で，集団活動に参加する際のやる気の違いについて考えてもらいました。私たちは，ある集団活動には熱心に取り組んでも，他の活動ではそうでなかったりします。授業や職務も同様で，ある授業や職務には熱心に取り組んでも，他の授業や職務には身が入らなかったりします。この場合，なぜやる気が出たりでなかったりするのか，という問いが生じます。このような問いに対して，私たちそれぞれが持つ欲求に注目して説明しようとするアプローチを，モチベーションの**内容理論**と呼びます。内容理論を応用すると，Exercise8-1 での皆さんのやる気の違いは，皆さんの中にある欲求の違いとして捉えることができます。

一方，組織側（あるいはマネジャー）の視点に立つと，組織のメンバーの誰もがやる気を出して，組織活動に参加して欲しいと考えるはずです。この場合，どのようにしたらひとにやる気を出してもらえるか，が重要になります。このような問いに対し，ひとがやる気を出す（≒動機付けられていく）メカニズムの解明を通じて説明しようとするアプローチは，モチベーションの**過程（プロセス）理論**と呼ばれています。内容理論は前述の動因に注目したアプローチ，過程理論は誘因を重視したアプローチと捉えることもできます。

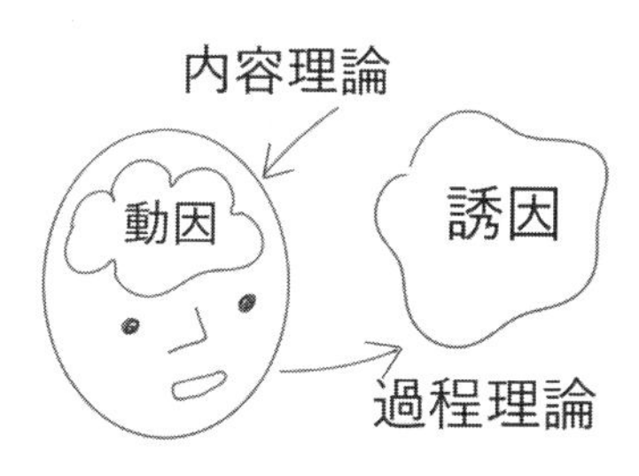

動因，誘因と理論との関係

ところで，モチベーションは，motivate という動詞がもとになっています。久しぶりにオックスフォード現代英英辞典を引いてみましょう。

〈memo〉

Motivate：*to be the reason why somebody or something behaves in a particular way*；*to make somebody want to do something, especially something that involves hard work and effort*

和訳すると，誰かが何かをしたり，特定の方法で行動したりする理由になること。誰かに特に労苦や努力を要する何かをするように仕向けること，となります。前半の説明はこれまでのルドウの説明を踏まえると納得がいきますね。動機付けられる個人に焦点があたっているとも言えるでしょう。後半の説明は，個人を動機付ける作用に焦点があたっているとも言えます。

これから紹介する内容理論は前半の説明に関係し，次章以降で紹介する過程理論は後半の説明に関係しています。この章では，内容理論について，いくつか代表的なものを紹介していきます。

8.3 マズローの欲求段階説

パブロフと並んで，皆さんが耳にしたことが多い名前に，マズロー（A. Maslow）が挙げられるのではないでしょうか。パブロフの名前は知っていてもその研究成果を理解していない人が多いのと同様に，マズローの名前は知っていても欲求理論を正しく理解している人は多くありません。皆さんは，ここで，しっかりマズローの理論を理解しておきましょう。

マズローの**欲求段階説**は，モチベーションの古典的理論で，後のモチベーション理論の発展に大いに影響を及ぼしました。マズローは，ひとの欲求は優先順位によって階層化しており，低次欲求から高次欲求へと順に活性化されるとみなしています（Maslow, 1943）。低次から高次の欲求の順に，①生理的欲求：空腹，喉の渇き，性欲など，②安全欲求：物理的，精神的危険の回避など，③愛情欲求：愛，親密性，所属など，④自尊欲求：自尊，他者からの敬意，評価，注目，感謝など，⑤自己実現欲求：成長，潜在能力の発揮，が提示されています。

〈memo〉--

極度の空腹状態ではヒトも動物も食物を得ることが最優先課題でそのように行動します。生理的欲求がある程度充たされると，安全欲求が活性化し，物理的・精神的危険を回避すべく，より安全な居場所を求めます。安全欲求が充たされれば，愛情欲求が活性化し，以前にもまして，友達や愛する人を求めます。愛情欲求が充足されれば，自尊欲求が活性化され，自信や自己効力を感じるような経験を求め，他者の役に立つように，他者から必要とされるようにと努めます。このような自尊欲求が満たされれば，自己実現欲求が活性化し，自分にしかできないこと，自分にしかなれない者になることを目指して行動します。

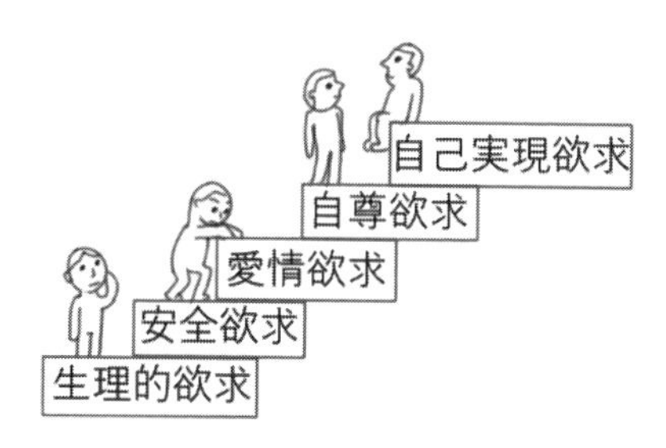

マズローの欲求段階説

このように，マズローによると，ある次元の欲求がある程度充たされれば，次に高い次元の欲求が活性化されます。逆に，ある次元の欲求が実質的に充たされれば，その欲求は動機付け要因にはならず，意識の俎上にはのぼりません。例えば，お腹が満たされれば，おいしい食べ物を提示されてもそれを得ようと行動しないように，満足のいく仲間や評価が得られれば，それ以上仲間や評価を求めはしない，ということです。

ここで次の Exercise をやっておきましょう。

Exercise8-3　Exercise8-2 において，単位取得条件の充足や上司の指示に従うことをゴールとした人，「なぜ」の解明をゴールとした人それぞれは，マズローの欲求段階における，どのような欲求が活性化していると想定されますか。

〈memo〉

〈記述欄〉

解説 さて，皆さんはどのように判断しましたか。おそらく単位取得や上司の指示に従うことそのものに関心が高いのであれば，その人は安全欲求が活性化した状態だと捉えられます。単位が足りなければ，進級や卒業できないかもしれない，その後の就職にも影響が及ぶかもしれない，上司の指示に従わなければ今後の職務遂行に支障が出る，最悪の場合はクビになるかもしれないという「不安」を解消するためにレポートを提出したことになります。

一方，「なぜ」の解明がゴールであれば，安全欲求については既にある程度充たされており，さらに上位の愛情欲求や自尊欲求が活性化された状態にあると想定されます。つまり，仲間や上司と良い関係を築き，さらには，認められ，役に立ちたいが，今はまだ不十分なので，そのようになれるよう，課題に向き合いレポートを作成し提出した，と考えられます。

マズロー理論で誤解が生じやすいのは，**自己実現**（self-actualization）の概念です（自己実現という言葉も日常的に使われるので誤解が生じやすいのです）。マズローは，階層の最上位に位置づけられる自己実現欲求が活性化された人はごく僅かで，ほとんどの人がまだこの次元まで到達できていないと述べています。

では，ほとんどの人が自己実現できていないのか，といえばそうではありません。マズローによると，より上位の次元の欲求が充足されるほど自己実現性が増していることになります。生理的欲求や安全欲求が活性化されている人より，愛情欲求が活性化されている人の，さらには安全欲求もしくは愛情欲求が活性化されている人より，自尊欲求が活性化されている人の自己実

〈memo〉

現性は高い，ということになります。

自己充足がもたらす自己実現

マズローは，自己実現を，潜在能力を開花させ，**自己充足**（self-fulfillment）をはかることだ，と述べています（Maslow, 1987)。自己充足は欲求の階段を一つひとつ昇っていく過程で自分の中身を充たしていくことを意味している，ともイメージできます。健全であれば，ひとは自らの潜在能力を最大限発展させ，実現させたいと願うものです。

マズローは，自己実現，自己充足は，個人の特異性，つまり私たち一人ひとりが本来異なること，を際立たせると言います。また，より上位の次元の欲求の充足を目指すことやその欲求の充足は，私たち一人ひとりの望ましい市民的，社会的行動に結びつく，と興味深い考えを提示しています。

8.4　X理論・Y理論

組織にとって，あるいは経営者にとっては，どのようにしてひとにやる気を出してもらい，組織目標を達成するか，が重要な課題となります。マグレガー（D. McGregor）は，1950年代にX理論・Y理論を発表しましたが，当時の経営者のタスクに関する伝統的見方をX理論と名付けました(McGregor, 1957)。**X理論**を信奉する経営者は次のように考えます。

1. 生産的企業の要素である金，物資，設備，ひとを，利潤を生み出すために組織化する上で経営者は責任を負っている。
2. ひとに関しては，組織の要求に従い，彼らの努力する方向性を定め，動機付け，行為を統制し，行為を修正することが必要だ。
3. 管理者のこのような積極的関与がなければ，ひとは組織の要求に対

〈memo〉--

して受動的で，時には抵抗する。そのため，説得や報酬，罰，管理が必要で，活動は指示されねばならない。これが管理者のタスクである。つまり管理とは他者を通じて物事を成し遂げることだ。

そして，X 理論の背景にはいくつかの信念がある，とマグレガーは続けます。その信念とは，

4. ひとは生まれつき平均すると怠け者だ——できるだけサボろうとする。
5. ひとは大志を抱かず責任を回避し指示されることを好む。
6. ひとは自己中心的で組織の要求には無関心だ。
7. ひとは生まれつき変化に抵抗する。
8. ひとは騙されやすくあまり頭がよくなくペテン師を受けいれ扇動されやすい。

マグレガーは，当時のアメリカの産業界で主流であった X 理論は時代遅れで不適切と指摘しました。むしろ，戦後の豊かさにより，基本的欲求が充たされたほとんどのアメリカの労働者にとって，より人間らしい欲求，つまり，所属や関係，他者からの受容や愛などに関わる**社会的欲求**や，自信や自立，達成，評価や感謝に関わる**自己本位欲求**，潜在能力を開花させ，自己開発を続け，創造的であろうとする**自己成就欲求**に働きかけるような管理が必要と主張します。そして，目指すべき新しい管理理論を **Y 理論**と名付けました。Y 理論では，経営者は次のように考えます。

1. 管理者は生産的企業の要素，金，物資，設備，ひとを，利潤を生み出すために組織化する責務を負う。
2. 組織の要求に対してひとは元来受動的で抵抗するわけではない。組織での経験の結果，このような行為に及ぶのだ。
3. 自己の動機付けや自己開発の可能性，責任を取る範囲，組織目標に向かって行為を方向付ける準備は，すべてのひとに備わっている。

〈memo〉--

4. 管理者の重要なタスクは，組織の環境やオペレーションの方法を，ひとが組織目的に向かって努力することが自らの目標を達成することになるように，アレンジすることだ。

X理論が前提とする人間

Y理論が前提とする人間

X理論では，ひとの行為を外的に統制することに注視しているのに対して，Y理論では，ひとの自己コントロール，自律に注目しているのが分かるのではないでしょうか。マグレガーは，X理論とY理論の違いを，ひとを子供として扱うか，成熟した大人として扱うかの差に匹敵する，と述べています。

次のExerciseをやってみましょう。

Exercise8-4　あなたは，X理論，Y理論，どちらの理論を信奉する経営者や上司のもとで働きたいですか。それはなぜでしょうか。

〈記述欄〉

解説　X理論に基づいて，部下を管理している上司のもとで働きたい，という人は少ないはずです。それは，皆さんの多くが既に生理的欲求や，安全欲求を充たされているからだとも言えます。一方，X理論が前提とするひとに関する信念にあるような行為を，アルバイトや勤務先で実際に示している人もいるかもしれません。それは，上司がX理論に基づいた管理を行っているからだ

〈memo〉

とも言えます。実際，マグレガーは，X 理論上で述べられているひとの行為は，ひとの生まれつきの性質ではなく，そのような管理がなされた結果である，と述べています。

X 理論ではなく，Y 理論を前提とした上司のもとで，信頼できる仲間に囲まれ，努力や結果が正当に認められ，評価され，また一人ひとりの潜在能力を開花できるような学習機会が提供される職場で，働きたいと思いませんか。そういう職場でこそモチベーションが高まるのだとすれば，働く個人にとっても組織にとっても，Y 理論に基づく管理が重要だということですね。

8.5 自己決定理論

半世紀以上前の理論を 2 つ紹介してきましたが，決してその内容は古びていないこと，むしろ，現代に生きる私たちのモチベーションを理解する上で十分あてはまることが分かったのではないでしょうか。

最後に，まさに現代の理論である，**自己決定理論**を紹介しましょう（Deci and Ryan, 2000）。前述の 2 つの理論との共通点は，私たちに内在する欲求（動因）に注目している点です。一方，異なる点もあります。それは，欲求の優先順位や階層化を前提としていないところです。自己決定理論は，他の 2 つの理論と同じく，私たちに内在する欲求を特定化していますが，これら特定化された欲求が充足されることが，私たちが外部環境と効果的に関わる上で必要である，と主張しています。

自己決定理論において，ひとは，能動的で成長志向を持った組織体であり，自らの心的要素を統一された自己に向かって統合し，統合された自己をより大きな社会構造に組み入れていこうとする傾向を保持している，とみなされます。難しい表現ですが，次のようにイ

自己決定理論における欲求

〈memo〉- -

メージすると分かり易いかもしれません。自己決定理論で前提とされているひとは，自己充足の階段を一段一段昇っており，階段を昇るにつれ，他者とも一貫性を持って統合的に関われるようになり，さらには，人間関係も拡がり，また積極的に人間関係を拡げていこうとします。

自己決定理論においては，このようなプロセスを生じさせるには，内在的な欲求を充足することが必要であるとされ，内在的欲求として，①**コンピテンス欲求**，②**関係欲求**，③**自律欲求**，が提示されています。①コンピテンス欲求とは，周りの環境に効果的に働きかけ，その働きかけを通じて，環境から価値のある結果を引き出したい，とする欲求です。②関係欲求とは，他者とつながり，他者を愛し支え，他者からも愛され支えられたい，とする欲求のことを言います。③自律欲求とは，経験や行動を自ら組織化する自由を得て，統合された自己観と調和した活動に従事したい，とする欲求です。自己決定理論において，これら３つの欲求が充足されることは，すなわち，外部環境と効果的に，関係的に，統合的に関わることにつながることを意味します。

ところで，マズローは欲求階層の最上位に自己実現欲求を据え，そこへ到達する過程で個人の特異性が際立ち，上位欲求が充たされるほど，私たち一人ひとりの市民的，社会的行動が促進される，と述べていました。同様の見解が，自己決定理論では，３つの欲求が充足された状態として述べられている，と捉えることができます。３つの欲求が充足された個人は，自律的な個人として，社会関係に配慮しつつ，周りに効果的に働きかけることができる，ということになります。

さらに，自己決定理論では，成長過程において，上記３つの欲求がどの程度充足されてきたかが，個人の生きる力や心身の健康度（＝**ウェルビイング**）に影響を及ぼすこと，そして，３つの欲求のどれかが充足されない環境では，ひとの健全な発達は難しくなることを指摘しています。過度に統制的であったり（≒自律欲求の未充足），過度に挑戦的であったり（≒コンピテンス欲求の未充足），他者から拒絶されるような環境に置かれると（≒関係

〈memo〉--

欲求の未充足)，ひとは他者へ配慮せず自己保身に走るなど，自己防衛的なプロセスを発動する，とも述べています。これは，マグレガーのX理論において想定されるひとの行為に重ねて捉えることもできますね。

これまで説明をしてきた3つの理論いずれにおいても，私たちが環境と関わっていく上で（つまり，社会の中で生きていく上で)，個人に内在する欲求を充足することがいかに重要であるか，が示されています。それぞれの理論において，充足すべき欲求の特定化の面で違いは見られますが，共通点の方が多いことに気づいたはずです。いずれにしても，私たちに内在する欲求が充たされるような状況に置かれると，私たちは積極的に外部環境との関わりを持つようになり，欲求充足が阻害されるような状況に置かれると，外部環境との関わりを避けるばかりか，病的な症状さえ示すことがある，ということになります。

8.6 結びにかえて

この章ではモチベーションと私たちに内在する欲求との関係について取り上げました。マズローの理論は，私たちに共通する5つの欲求を特定化し，その優先順位や階層性に注目しています。各自で活性化されている欲求の段階は異なろうとも，すべての人が活性化された欲求を充足しつつ，欲求の階段をのぼっていくことを通じて，自己実現を目指すことは可能である，としています。X理論・Y理論は，欲求理論を管理手法との関係で議論しています。マグレガーの登場以前に主流だった，ひとを機械のごとく扱い，作業工程の合理化を通じて生産性を高めようとする管理手法に対して，マグレガーは，ひとならではの欲求に注目し，それを充足するよう働きかけることこそが，ひとのモチベーションを喚起し，結果として組織目標の達成にもつながるのだ，と主張しました。最後に紹介した自己決定理論は，さらに人間らしいひとを前提としています。自己決定理論は，愛すべき，そして愛されるべき統合された人格を有し，自律的に，効果的に環境と関わろうとする，成熟

〈memo〉

したひとを目指したアプローチだとも言えます。

今回紹介した3つの理論を通じて見出されるのは，私たち一人ひとりの個性が，基本的欲求から人間らしい欲求までを含めた欲求充足の過程で見出されるということ，そして，内在的な欲求を充足しようとする過程で，モチベーションが喚起されることです。一方，周りの環境によっては，ある欲求が活性化したりされなかったり，またある欲求が充足されたりされなかったりもします。内在的欲求が充たされれば充たされるほど自己実現性が増す，ということを踏まえると，周りの環境がいかに自己実現をはかる上で重要か，が理解できたのではないでしょうか。

最後に次のReflectionについて考え記述しておきましょう。

Reflection 8　**Exercise8-1**で取り上げたあなたのやる気の程度やその違いについて，マズローの欲求段階説，マグレガーのX理論・Y理論，自己決定理論それぞれを応用して，考察してみましょう。どのようなことが言えるでしょうか。

〈記述欄〉

〈memo〉

第9章

モチベーションと比較

引続きモチベーションについて理解をすすめましょう。前章では，私たちの内面にある欲求に注目し，モチベーションを考察しました。この章では，私たちが自らの置かれた状況を認知する際に，誰かと，あるいは何かと比較をし，評価する傾向が，モチベーションにもたらす影響について考えていきます。

9.1　モチベーションと比較

早速ですが，次の Exercise をやってみてください。

Exercise9-1　あなたがこれまで参加してきた組織集団の中で，自らの参加や貢献が十分に報われてきた，あるいは報われてこなかった，と考える集団を一つずつ思い起こしてください。①各々の集団において，あなたの集団への関わり方を比較してみましょう。関わり方にはどのような差が見出されるでしょうか。②あなたの報われている，報われていない，という考えはどこからきているのでしょうか（何を根拠にそのように考えるのですか）。

〈記述欄〉

解説　それぞれの集団において関わり方に違いは見出せたでしょうか。どんな集団でも同じように関わっている，関わるようにしている，という殊勝な人も中にはいるかもしれませんが，やはり，私たちのほとんどが，十分に報われていると感じた集団には積極的に関わろうとする一方で，報われていないと感じる集団には，消極的になったり，その集団から疎遠になったり，離脱してしまったり，といった経験があるのではないでしょうか。

報われた，報われてこなかったという考えについてはどうでしょうか。自分はがんばったのに，そのがんばりを認めてくれなかった，がんばりに見合う報いが得られなかった，と考えている人もいるでしょう。あるいは，自分より努力していない，能力が低い同僚（友人）が周りから評価されており，自分はつ

〈memo〉

くづく報われないと考えている人もいるでしょう。または，これまで他の集団では自分は十分認められ評価されてきたのに，この集団ではそのような評価がなされていないので，報われていないと考えている人もいるのではないでしょうか。

報われてきた，報われてこなかった，どちらのケースも，誰かや何かとの「**比較**」という視点が入り込んでいるのではないでしょうか。例えば，自分のがんばりにふさわしい報いと，自分が受けている報いとの比較（≒理想と現実との比較），あるいは，同僚（友人）と自分（の努力，能力やそれに対する周りの評価）の比較（≒他者と自分の比較），さらには，過去の自分と現在の自分の努力とそれに対する評価の比較（≒過去と現在との比較），が考えられます。いずれにしても2つの状態が私たちの内面で想起され比較されていると考えられます。これら2つの状態は，私たちの中で想起されている限り，現実を必ずしも反映しているわけではありません。その現実を私たちがどのように捉えているか，つまり私たちの認知に基づいています。

9.2　認知不協和

認知不協和は，半世紀以上前に，アメリカの社会心理学者フェスティンガー（L. Festinger）によって提示された概念です（Festinger, 1958）。認知不協和という言葉は知らなくても，不協和音という表現はよく使いますね。不協和音を耳にした時，どのように感じるでしょうか。非常に不快で平常心を保つことは難しいはずです。

フェスティンガーは，私たちひとの認知においても，このような不協和が生じることを指摘しました。不協和音から想像できるように，認知不協和も私たちに不快感をもたらします。認知不協和の存在は，それを低減すべく，あるいは解消すべく，私たちを行動に駆り立てます。つまり，私たちの内面の欲求と同じような関係性（お腹がすくと，腹を満たすべく食物を探し，得

〈memo〉--

ようと行動するのと同じような関係性）が，認知不協和にも見られる，というわけです。具体的には，２つの認知が不協和状態にあると，ひとはその片方をもう一方と調和させることにより，不協和を低減，あるいは解消すべく動機付けられる，とフェスティンガーは述べています。

Exercise9-1 において，皆さんには，報われた状況，報われない状況について記述してもらいました。報われた状況では，皆さんに認知不協和は生じていないと考えられます。一方で，報われない状況では，皆さんの内面で，あるべき姿や然るべき状況と，実際の姿や現実の状況の間に認知不協和が生じている，と考えられます。

Exercise9-1 では，報われていないと考える根拠についても記述してもらいました。例えば，自分はがんばったのに，そのがんばりを認めてくれなかった，あるいは，がんばりに見合う報いが得られなかった，と捉えた人は，頑張りを正当に評価してもらいたい，評価すべきだという思いと，頑張りが正当に評価されていない，という２つの認知間で不協和が生じていることになります。この場合，自分の思いを変えるか，周りの評価を変えるか，どちらかによって不協和を低減することが可能です。思いを変えるとするならば，自分は思っていたほど努力していなかったのではないか，という反省に至るかもしれません。または，低すぎると感じていた評価について，よく考えるとそれほど低くないのでは，と考え直すかもしれません。あるいは，不協和を低減するために，周りの評価を変えようとするかもしれません。例えば，周りに自分がどれだけ努力してきたか分かってもらえるようアピールするかもしれません。または，不協和を解消する手段として，自分の思いと他人の評価のいずれかを変えるよりも，そのような評価しか得られない集団から身を引き，正当な評価がなされるような新しい集団を探す，という方法も考えられます。

〈memo〉--

いずれも不快な状況である認知不協和を低減するように，あるいは解消するように，動機付けられた結果と考えることができます。

9.3　衡平理論

組織と個人の関係は社会的な交換関係とみなすことが可能です。組織に対して，個人は自らの努力，経験，知識，スキルなどを**インプット**として用いて，組織目標達成のために貢献します。これに対して，組織は，賃金や福利厚生，評価や地位を**アウトカム**として与え，報いることが期待されています。個人側からすると，自分が組織に対して投入したインプットが生み出した価値，貢献度に見合うような，組織からのアウトカムを得るべきと考えており，このような交換関係におけるバランスが崩れると，前述の認知不協和を経験することになります。このような認知不協和の発生は，その低減や解消に向かって個人を動機付けることになります。

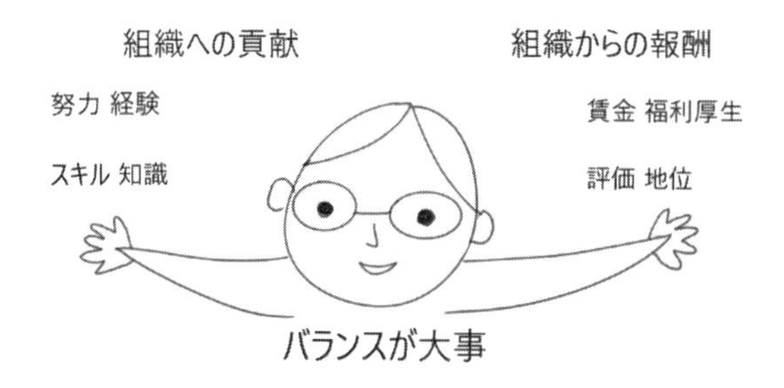

心理学者アダムズ（J. S. Adams）は，他者との比較における公平感，不公平感がもたらす影響に注目し，**衡平理論**を提唱しました（Adams, 1965）。衡平理論において，ひとは，自らの組織へのインプットに対する組織からのアウトカムと，比較対象の組織へのインプットに対する組織からのアウトカムを照らし合わせ，公平感や不公平感を感じる，とみなされます。比較対象は過去の自分の場合もあれば，他者の場合もあり，他者の場合は，自分と似た他者を対象とする傾向があります（例えば，皆さんは自分と兄弟，友達，

〈memo〉

同僚を比較して不公平と感じることはあっても，自分と親，先輩や教師，上司を比較して不公平と感じることはそれほどないはずです）。

比較の結果は，3通りあります。一つ目は公平とみなされる場合で，自分（＝Xとしましょう）のインプットに対してもたらされたアウトカムの比率が，比較対象（＝Yとしましょう）のインプットに対してもたらされたアウトカムの比率と同等である場合です。これを下のように数式であらわすことができます。

$$\textbf{パターン A}\qquad \frac{\text{X のアウトカム}}{\text{X のインプット}} = \frac{\text{Y のアウトカム}}{\text{Y のインプット}}$$

このような場合，Xは現状に満足しています。

不公平は2通りのパターンで生じます。まず，下のようなパターンが考えられます。

$$\textbf{パターン B}\qquad \frac{\text{X のアウトカム}}{\text{X のインプット}} < \frac{\text{Y のアウトカム}}{\text{Y のインプット}}$$

パターンBにおいては，自分のインプットに対するアウトカムが，比較対象のインプットに対するアウトカムより少ないと感じています。これを**否定的不公平感**と呼びます。

一方，逆のパターンもあるでしょう。

$$\textbf{パターン C}\qquad \frac{\text{X のアウトカム}}{\text{X のインプット}} > \frac{\text{Y のアウトカム}}{\text{Y のインプット}}$$

パターンCでは，自分のインプットに対するアウトカムが，比較対象のインプットに対するアウトカムより多いと感じています。これを**肯定的不公平感**と呼びます。

否定的不公平感，肯定的不公平感を感じていることは，すなわち，認知不協和を経験していることを意味するので，これを低減させる，つまり公平に近づけようとする行動を促進します。

例えば，パターンBをパターンAに近づけるためには，Xのインプットを減らすか，Xのアウトカムを増やす，あるいはYのインプットを増やすか，

〈memo〉

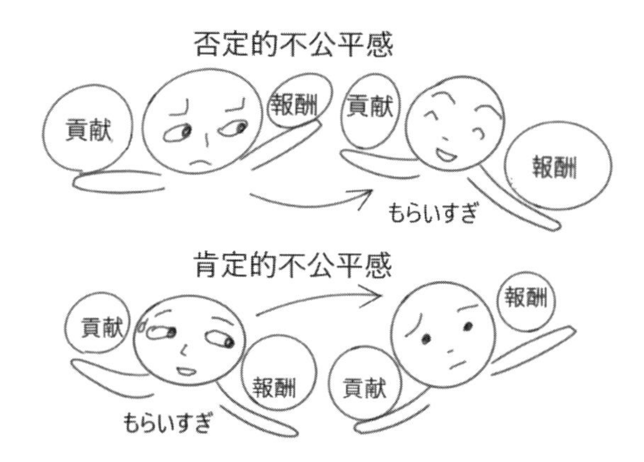

Ｙのアウトカムを減らす，またはこのいずれかを併用することが必要です。具体的には，自分の努力を減らしたり，賃金を上げてくれるよう願い出たり，比較対象の仕事量を増やしたり，比較対象の評価を下げるべく画策したり，といったことが考えられます。

パターンＣをパターンＡに近づけるには，Ｘのインプットを増やすか，Ｘのアウトカムを減らす，あるいはＹのインプットを減らすか，Ｙのアウトカムを増やす，またはこのいずれかの方法を併用することが考えられます。例えば，難しい仕事に進んでチャレンジしたり，降級を願い出たり，比較対象の仕事を手伝って減らしてあげたり，比較対象の評価を高めるよう働きかけたり，といった具合です。

ただし，私たちは，否定的不公平感には敏感に反応しますが，肯定的不公平感にはそれほど敏感に反応しないことが報告されています。また，否定的不公平感を感じていても，自らの裁量で不公平感を改善することが難しい場合もあります。パターンＢで，努力をせず手抜きをすることは自分の判断でできても（確かに自分のインプットが減り，不公平感は改善しますが），さらに評価を落とすか，解雇されてしまう懸念もありますよね。自分の評価をあげてくれるよう嘆願したり，故意に他人の仕事を増やしたり，他人の評価を低めたり，といった行為は倫理に反する場合もあります。このように自

〈memo〉--

分ではどうすることもできない場合は，認知不協和の説明にもある通り，自分の不公平の根拠を変えたり（例えば，Y さんは私より昇進が早いが，私はY さんよりも上司や仲間に恵まれていると考えたり），自分と比較する対象を変えたり（Y さんとではなく，Z さんと比較するとまずまずだと考えたり），あるいは，どうしても比較対象との間で不公平が解消されない場合は，その職場を離れる，ということもありえるでしょう。

否定的不公平感は個人のネガティブな行動を引き出す可能性があるため，組織にとっては避けるべきですが，肯定的不公平感については，組織が戦略的に利用することも可能です。例えば，本人にとって，身の丈を超えたチャレンジングなプロジェクトに抜擢されることは，過大な評価を受けたという認知や，他者よりも期待されているという認知をもたらし，このような肯定的不公平感を低減させようとする，本人の努力や学習意欲を高めたりする効果が認められています。

9.4　組織公正

個人の公平感から，組織における公正性に視点を移しましょう。まずは，そもそも，公平，公正とはどのような概念で，どう違うのか，確認しておきましょう。広辞苑では，**公平**とは「かたよらず，えこひいきのないこと」となっています。一方，**公正**とは，「公平で邪曲のないこと；明白で正しいこと」となっています。つまり，公正の説明には，公平であることに邪曲が加わっています。ちなみに邪曲とは，「よこしま。不正。非道。」とあります。どうも公正は，公平に価値判断を含めた概念のようです。英語で公平は equity，公正は justice です。オックスフォード現代英英辞典では，

Equity：*a situation in which everyone is treated equally*
Justice：*the fair treatment of people*

となっています。fair は，日本語では公平，公正と同義と扱われる傾向があ

〈memo〉--

りますが，

Fair：*acceptable and appropriate in a particular situation*

となっています。オックスフォード現代英英辞典の説明に従い，公平，公正の違いに留意して和訳すれば，公平は「すべての人が平等に処遇されること」で，公正は，「特定の状況に置いて受容することができる適切なひとへの処遇」となります。先ほどの広辞苑で公平に価値判断が伴うのが公正だと述べましたが，さらに状況に応じてその価値判断が異なる可能性もある，と考えることができます。確かに，時代や文化に応じて何にどれだけ価値を見出すかは異なります。

次の Exercise をやってみてください。

Exercise9-2　あなたは次の企業 X, Y の，どちらで働きたいと思いますか。それはなぜでしょうか。

企業 X：各メンバーがつぎ込んだ時間や労力によってアウトカムを分配

企業 Y：各メンバーが生み出した成果に応じてアウトカムを分配

〈記述欄〉

〈memo〉

解説 さて，皆さんはどちらを選びましたか。

Xはいわゆる日本型経営を標榜する企業のイメージ，Yはグローバル企業，外資系企業のようなイメージと重なります。実際には，XとYのどちらかの中間地点で，様々な企業の報酬決定がなされていると考えられます（あるいは同一企業であっても，現場に近い従業員にはどちらかと言えばXよりの報酬決定がなされ，組織の上位層ほどYよりの報酬決定がなされる傾向があります）。コロナ禍以降，在宅勤務を導入する企業が増えていますが，在宅勤務では，どれだけの時間やどれだけの労力を仕事につぎ込んでいるかを上司や同僚が実際に目で見て確認できないため，仕事の成果で従業員の評価を行う企業が増えていくだろうとも言われています。

さて，ここで大事なのは，X，Yの企業どちらにおいても，組織側からすれば公平な処遇を行っていることになる，という点です。つまり，特定の基準（時間と労力，あるいは成果）に従って，すべての人を平等に処遇していることになります。一方で，個人の視点に立てば，Xのような企業で働きたいと思っている人が，Yのような企業に就職した場合，逆に，Yのような企業で働きたいと思っている人が，Xのような企業に就職した場合，所属組織における処遇を適切ではないと感じ，受容できないかもしれません（この場合，認知不協和が生じます）。つまり，公正の観点からすると，その処遇をフェアとみなすかどうかは，その人次第ということにもなります。

組織公正は，個人のフェアであるかどうかという主観に関わっています。主観である限り，個々人で公正の判断基準は異なる可能性があります。しかし，フェアかどうかという個人の認知は，組織の中でのその人の態度や行動に影響をおよぼします。組織での処遇がフェアだと認知していれば，組織へ積極的に関わり，組織に貢献しようとしますが，アンフェアと認知すれば，ストレスが高まったり，仕事をさぼったり，組織に損害を与えるような行為に及ぶこともあります。

ところで，組織公正には3つの側面があると言われています（Greenberg and Colquitt, 2005）。一つ目は，**分配面での公正**であり，組織での実際のアウトカムの分配が，その人がそうあるべきと考える分配となっているかど

〈memo〉---

うかに照らし合わせ，フェアであるかどうかが判断されます（分配面での公正については前述の衡平理論で詳しく説明しました）。適用される分配ルールには，各人の貢献（成果）に応じた分配，各人に平等な分配，各人のニーズに応じた分配，があると言われています。どのようなルールを適用するかは，ひとや組織により異なります。成果に応じた分配は，個人間競争を助長しますが，個人間や集団間の協力が阻害される傾向があり，一方で，平等分配は，社会的調和や集団間協力を助長することが報告されています。

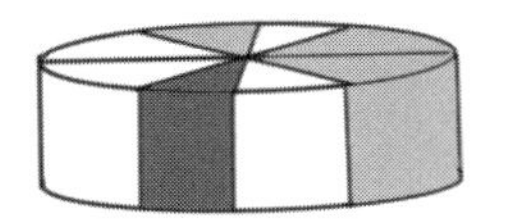

分配公正＝報酬の分配は適切？
手続き公正＝分配の手続きは適切？
関係公正＝関係性は適切？

組織公正の３側面

二つ目は，**手続き面での公正**です。私たちは，分配公正に関心があるばかりでなく，分配する際の手続きにも関心を持っています。公正な分配手続きは，組織への信頼を高め，組織との関係を深めます。分配の際の手続きが，正確で，一貫しており，バイアスがかかっておらず，間違いが生じた場合には修正が可能で，倫理的基準と合致している場合に，その手続きは個人からフェアだと受け止められます。人事評価や，採用，配置等の処遇においては，特に手続き公正が求められます。

三つ目は**関係上の公正**で，組織から個人としてフェアに扱われているかどうか，に関わっています。関係公正は，さらに２つの側面，情報と関係性そのもの，に分けられることもあります。情報に関する公正とは，説明責任が果たされているかどうかに関わり，関係性そのものに関する公正とは，組織内での様々な関係性において，それぞれの人が尊重され，率直で，配慮に満ちた関係が保たれているかどうかに関わっています。

例えば，以前に例として出した，男女候補者の部長職への昇進について，再度取り上げてみましょう。どちらを昇進させるかについては，部長ポストの分配に関わります。ポストが１つしかない限り，ポストを両方に与えることは不可能です。どちらかにポストを分配するにあたり，本人の資質やこれまでの貢献の実績やこれからの組織への貢献度の予測等，明確な基準に戻

〈memo〉--

づいた判断がなされていれば，手続き公正上の問題は生じないでしょう。一方，男だから，女だからというアイデンティティ集団に関連するステレオタイプに基づいた昇進決定はフェアとは言えず，問題が生じます。関係上の公正については，両者の知識やスキル，これまでの貢献度やその評価，そこから想定される部長ポストへの潜在的な適性などについて具体的に言及し，昇進できなかった方の気持ちにも配慮した説明がなされれば，フェアだと受け止められるでしょう。

分配公正は，特定のアウトカムの分配（賃金やポストなど）に関するフェアの感覚に関わっているとされます。一方，手続き公正は，より広範な組織の処遇一般に対するフェアの感覚に関わっているとされています。また，私たちには，分配がアンフェアであると感じていても，手続きがフェアだと感じられれば，その分配を受け入れる傾向があり，逆に手続きをアンフェアだと感じていても，分配がフェアだと感じられれば，納得する傾向があります。つまり，少なくとも分配結果かその手続きのどちらかにおいてフェアだと感じることが重要です。

ところで，衡平理論でも確認した通り，分配公正は個人の主観に関わっており，公正かどうかを比較する対象も（過去の自分か，職場の同僚かなど）その人によって異なります。したがって，すべての人から分配に関してフェアだという認知を得ることは非常に困難です。全ての組織成員の分配公正を達成することが困難な限り，手続き公正が重要となります。さらに，分配結果がアンフェアと感じていても，その分配に対する説明が納得いく形でなされれば，つまり関係公正が認められれば，その分配を受け入れる傾向も指摘されています。また，関係公正については，特に上司と部下との関係において留意すべきであり，説明責任を尽くす上司は部下から受容され，部下の支援をえることができることが報告されています。

〈memo〉--

9.5　結びにかえて

私たちには，何かと，あるいは誰かと比較して，自分の現状を認知する傾向があります。比較の結果，公平だと捉えられればよいのですが，いつもそうだとは限りません。これは，公平の基準や比較対象が私たち一人ひとりで異なるためです。そして，自分を不遇だと捉えた場合（実際に不遇であるかどうかにはかかわらず），私たちは，その不遇を解消しようと，動機付けられます。組織の中では，それが自らのインプットの低下（例えば，与えられた仕事に対しいい加減に取り組んだり，仕事をさぼったり）や，比較対象が他者である場合には，他者の足を引っ張るような行為（例えば，優遇されていると思っている比較対象の悪いうわさを流したり，仕事を妨害したり）に至ることさえあります。このような行為は，関係する個人はもとより，組織全体にとって望ましい結果をもたらしません。

一方，組織がそのメンバーに分配できるアウトカム（賃金の原資や，ポストなど）は限られており，しかも各メンバーの公平基準や比較対象を明らかにすることも困難である限り，あるいは，明らかにできたとしてもすべての人が公平だと感じられる分配を実現することは困難を極めます。分配公正を得ることが難しければ，そのような分配結果に至った基準や経緯を明確にし，またその基準や経緯について説明責任を果たすことが必要となります。つまり，手続き公正や関係公正が重要となります。

AI などのテクノロジーの変化，疫病のパンデミックや自然環境の変化，グローバルな地政学リスクの高まりなどに伴い，今後組織がそのメンバーに提供する（できる）アウトカムやその分配にも変化が生じていくことでしょう。その中でいかに公平感や公正性を保つかが，ますます重要になってきています。

最後に次の Reflection について考え記述しておきましょう。

〈memo〉---

Reflection 9　**Exercise9-1** で取り上げた組織集団におけるあなたの不公平感について，衡平理論を応用して分析してみましょう。また，組織公正の観点からすると，３つの公正のうちのどの公正にどのような問題が見出されますか。

〈記述欄〉

〈memo〉

第10章

モチベーションと目標

第８章では，ゴールが，私たちがそれに向かって努力するような望ましい結果や，それを防いだり，避けたりするため努力するような恐れている結果であることを確認しました。この章では，モチベーションとゴールの関係性に注目して，さらに考察をすすめていきます。

10.1 モチベーションとゴール

早速ですが，次の Exercise をやってみましょう。

Exercise10-1　Exercise8-1 で取り上げた，あなたがこれまでに参加した 3 つの組織活動における，あなた自身のゴールを記述してみましょう。

〈記述欄〉

解説　さて，皆さんはどのようなゴールを書き出しましたか。それぞれの組織活動への参加を通じて，どのような望ましい結果や，どのような望ましくない結果の回避をゴールとみなしているか，具体的に書き出せましたか。8 章の内容をよく学習し，記憶している人は，皆さんに内在する特定の欲求を満たすような何か，という点に注目して記述してくれたかもしれませんね。そうするとさらにゴールが明確になるでしょう。

組織集団への参加は様々な望ましい結果を直接的，間接的に私たちにもたらします。例えば，企業に雇われ働くことは，賃金や福利厚生を通じた生活の安定や，共に働く仲間をもたらします（マズロー理論における，生理的欲求，安全欲求，愛情欲求を充たすことにつながります)。さらに，働くことを通じて，技能や知識を身に着けたり，他者から認められたり，感謝されたり，良い仕事をした結果，参加したかったプロジェクトのメンバーに抜擢されたり，あるいは自らが新プロジェクトを立ち上げたり，といったことも可

〈memo〉

能かもしれません（マズローの自尊欲求や自己実現欲求の充足につながります)。このような事柄が直接的，または間接的な誘因となり，皆さんのモチベーションが喚起されることでしょう。

一方で，働くことを通じて望ましい結果ばかりがもたらされるわけではありません。例えば，やりたくない仕事をやらなければならなかったり，どうしても好きになれない上司や先輩と一緒に働かなければならなかったり，あるいは体調不良や，家庭の事情で仕事を休みたくても休めなかったり，といったこともあるでしょう。そのような時には，このような望ましくない状況をどうやって回避するか，モチベーションが働くかもしれませんね。

10.2　内発的，外発的モチベーション

モチベーションは，内発的なものと外発的なものに分けて考えることができます。自分自身がゴールを決定した場合には，**内発的モチベーション**が働きますが，自分以外の制御のもとにゴールが設定された場合は，モチベーションは外発的だと言えます。自ら有意義と思われるプロジェクトを立ち上げることは内発的モチベーションに関わりますが，上司の指示で行う仕事は，**外発的モチベーション**に関わっていると言えます。

第8章で紹介した自己決定理論では，内発的モチベーションは，私たちがタスクに積極的に取り組んでいる場合に関係しており，そのタスクは私たちの自律欲求とコンピテンス欲求を満たす限りにおいて，それ自体が愉しく感じられ，さらに，このような取り組みを通じて私たちは成長していく，とみなされています。そして，タスクが，新規性を有し，適度にチャレンジングである場合に，このような作用が生じる，としています（Deci and Ryan, 2000)。

内発的，外発的モチベーション

〈memo〉

一方，無理やりやらされる仕事を愉しめる人はいないでしょう。それはその仕事に自律的に関わっている感覚を持つことができず，その仕事を遂行してもいったい何が得られるのか疑問に感じているからだとも考えられます。

自分自身で定めたゴールに向かい行動することが，自らの欲求充足や成長につながるとすれば，ゴールは自分で設定するに越したことはありません。ですが，組織においては様々なゴールがあらかじめ設定されています。あるいは，プライベートならともかく，組織内の他のメンバーにも影響するようなゴールを自分自身で決めることに抵抗を感じる人もいるでしょう。このような人は，ゴールは組織が提示すべきだ，上司から与えられるものだ，と思っているかもしれません。しかし，私たちの行動を促す上で，外発的なモチベーションは，内発的モチベーションのような強力な効果を持たないことが分かっています。一方，外発的であっても，それを本人がどう捉えるかによって，効果が変わるという考え方が，自己決定理論によって提示されています。

10.3　個人とゴール

自己決定理論によると，**外部統制**に基づく行動は，統制される本人に制御されているという感覚をもたらし，本人の内発的モチベーションを阻害します。このような場合，本人は他者が提示する条件が得られる限りにおいて，その統制に従いはしますが，条件が得られなくなると行動の継続は望めません（例えば，給料が支払われる限り働きますが，支払いがなされないとほとんどの人は働くことを辞めるでしょう。なお，このような行動については，道具的条件付けによる学習として第３章で説明をしました）。一方，外部統制を受けても，その統制を本人が受け入れ，行動する場合もあります。自ら受け入れる場合にも，内心はその行動に価値を見出しておらず，体面上そうする場合があるでしょう。このような場合は，その行動のゴールを自らのゴールとみなしたとは言えません。一方，行動自体に自ら価値を見出すことで，

〈memo〉

外部統制に従う場合もあります。このような場合，その行動のゴールを自らのゴールとみなした，つまり**内面化**したことになります。さらには，行動自体に価値を見出すばかりでなく，自らが価値を見出すその他の物事との調和をはかりつつ，積極的にゴール達成に向け行動する場合があります。

このように，同じゴールを目指して行動するにしても，本人の自発性や関与の程度は異なります。外部統制による行動であっても，それを内面化し，自律的に関与していると捉えることができればできるほど，ゴール達成に向け，積極的に取り組むことが可能となります。

次の Exercise をやってみてください。

> Exercise10-2　自己決定理論に基づき，あなたの組織行動論の学習に対するモチベーションを分析してください。分析されたあなたのモチベーションと，学習態度・行動にはどのような関連があるでしょうか。

〈記述欄〉

解説　組織行動論を学習することを選んだのは皆さん自身で，私や大学，職場が強制したわけではありませんので，まず完全な外部統制によってなされた行動ではありませんね。ただし，自分で決めたとはいえ，内発的モチベーションによってもたらされた行動かと言えば，必ずしもそうとは言えません。

大学生の皆さんの中で，組織行動論が選択必修科目に位置づけられている場合は，外部統制感はその他の人より強いかもしれません。周りの皆が受講しているから，あるいは選択必修科目だから，という表面的な理由で受講している場合（＝ゴールが内面化されていない場合）学習意欲は高まらず，組織行動論

〈memo〉

の受講にもそれほど身が入らないのではないでしょうか。一方，最初は周りにつられて，あるいは選択必修科目のため，この授業を選択したとしても，受講を続けるうちに授業内容に関心が持てるようになった人がいるかもしれません。そのような場合は（＝ゴールの内面化がすすんだ場合），自ら進んで受講している感覚を多少なりとも持ち，学習もある程度進んできたのではないでしょうか。さらには，当初から組織行動論の内容に関心があり，選択した人もいるでしょう（＝内発的モチベーションによる受講）。このような人は，自らの意思で学習を進めているような感覚を持っているのではないでしょうか。また，組織行動論の内容そのものの理解に留まらず，自らが価値を見出しているその他の活動にも，ここで学んだことを生かしていくこともできるのではないでしょうか。そのような場合に，組織行動論の学習に対するモチベーションが最も高まり，組織行動論を学習することを通じて，自らの成長を感じることができる，と考えられます。

10.4　組織とゴール

個人のゴールから，組織のゴールへと視点を移しましょう。第1章で，組織とは，特定の目的（aim）を達成するために形成されたひとの集まりである，という定義を確認しました。広辞苑で目的は，「成し遂げようと目指す事柄。行為の目指すところ。意図している事柄。意志によってその実現が欲求され，行為の目標として行為を規定し方向付けるもの」とあります。オックスフォード現代英英辞典で，目的（aim）とは，

Aim：*the purpose of doing something*；*what somebody is trying to achieve*

とあり，和訳すれば，「何かをする目的。誰かが獲得しようとする何か」となります。広辞苑と共通した解釈のようです。つまり，「目的」は今回の授業でこれまで説明してきたゴールと同義としてよさそうです。組織が，特定のゴールを達成するために形成されたひとの集まりだとすれば，組織のゴー

〈memo〉--

ルをどう捉えればよいのでしょうか。

次の Exercise をやってみてください。

Exercise10-3　あなたが関心を持っている企業の理念や目的，ミッションを調べてみましょう。どのようなゴールが見出せますか。

〈記述欄〉

- 関心のある企業（　　　　　　　　　　）
- 企業理念，ミッション等に表されているゴール

解説　さて，皆さんはどのような企業について調べましたか。

ここでは，私の勤務する法政大学を例に検討してみましょう。法政大学のホームページには，以下，3つのミッションが掲載されています。

1. 本学の使命は，建学以来培われてきた「自由と進歩」の精神と公正な判断力をもって，主体的，自立的かつ創造的に，新しい時代を構築する市民を育てることである。
2. 本学の使命は，学問の自由に基づき，真理の探究と「進取の気象」によって，学術の発展に寄与することである。
3. 本学の使命は，激動する21世紀の多様な課題を解決し，「持続可能な地球社会の構築」に貢献することである。

上記はいわゆるミッションステートメントと呼ばれるもので，多くの企業が自社のミッションステートメントを公開しています。法政大学のミッションステートメントにある，「『自由と進歩』の精神と公正な判断力をもって，主体的，自立的かつ創造的に，新しい時代を構築する市民を育てること」，「学問の自由に基づき，真理の探究と『進取の気象』によって，学術の発展に寄与すること」，「激動する21世紀の多様な課題を解決し，『持続可能な地球社会の構築』に貢

〈memo〉

献すること」という文言から，これらは法政大学が組織として目指すべきゴールだと捉えることができます。このゴールに向けて，法政大学の中の様々な集団が，より具体的な目標を掲げ，また集団の個々のメンバーもさらに具体的な目標を掲げ，日々活動していることになります。

さて，前節では，個人にとっては自発（内発）的にゴールを決定することが望ましいことを確認しました。しかし，組織において目標の設定を各自の自由に任せれば，組織として統一性が取れなくなる懸念があります。

経営学者ドラッカーは，組織の個々のメンバーは，異なる形で組織に貢献しつつも，共通のゴールに向かって貢献をすべきであり，したがって，すべての仕事は組織全体の目標（objectives）を目指すよう，方向づけられるべきだ，と述べています（Drucker, 2001）。第１章で確認したように，大学や職場の中には様々な集団が存在しますが，その集団の目標も，その集団に属する個人の目標も，全体的に組織として共通したゴールに向かって貢献するよう，方向づけられねばならない，ということになります。ドラッカーは，この方向づけにおいて，重要な役割を担っているのが**マネジャー**であり，マネジャーは，組織全体の目標を達成できるよう働きかけるべきで，組織目標達成への貢献度によってその業績を評価されるべき，と述べています。

ちなみに，私の所属する法政大学経営学部のマネジメントを行っているのは，学部長をはじめとする執行部です。ドラッカーに従うと，経営学部執行部は，法政大学全体の目標達成に貢献すべく，教授会という意思決定機関を通じて経営学部の教育・研究目標を定め，定められた目標の達成を通じて，法政大学のミッションの遂行に貢献しているということになります。

共通目標への方向付け

皆さんの所属する組織集団も，大学の一部であれば大学の，企業の一部であれば企業のミッションにあらわされたゴールへ貢献すべく方向づけら

〈memo〉

れた目標を有し，活動することが期待されています。

10.5　目標による管理（MBO）

次の Exercise をやってみてください。

Exercise10-4　何をしているのか，と尋ねられた 3 人の石工についての以下のストーリーを読み，どの石工が良いマネジャーになりそうか，考えてみてください。

最初の一人は，「生計を立てている」と答えました。二人目はハンマーをたたきながら「国中で一番すばらしい石を切り出している」と答えました。三人目は遠くを見るような目つきで「教会を建てているんだ」と言いました。

〈記述欄〉

解説　さて，皆さんはどの人を選びましたか。

これらの石工は，ドラッカーによる 3 種類のマネジャーの喩えです。誰が良いマネジャーになれそうかと言えば，当然三人目となります。一人目のマネジャーは生活が懸かっている限りそこそこ働くことでしょう。問題は二人目です。仕事への誇りは重要ですが，その努力が何に向けられるかが問題となります。石を切り出すこと自体を目的としては本末転倒です。この点，三人目の石工は明確な目標を持っています。このように，常に組織全体からの要求に応えるべく，マネジャーは努力を方向づけねばなりません。

〈memo〉

ドラッカーは，この石工の喩えを通じて，目標に基づいた管理の重要性を指摘しています（Drucker, 2001）。組織の階層の上から下まで，マネジャーは明確に記述された目標（objectives）を持つべきであり，これら目標には，自部門が何を作り出すことで組織に貢献し，他部門がその目標を追求する上でどのような支援（貢献）をし，また自部門の目標を追求する上で他部門からどのような支援（貢献）を受けるべきか明示化すべきとし，他部門とのチームワークの重要性についても指摘しています。このような目標を設定すれば，各部門の目標が互いに有機的なつながりを持ちつつ，全体として目標を追求していくことが可能となります。

ドラッカーは，組織の上位に向けての貢献が，各部門の目標を規定するとしています。この上位に向けた目標は，その部門のマネジャーが開発し設定すべきで，これこそがマネジャーの第一の責務である，とドラッカーは述べています。さらに，マネジャーは，一段上のレベルの部門の目標設定にも参加すべきだとします。なぜなら，上位部門の目標設定への参加によって，マネジャーの参加意識そのものが高まるばかりか，組織全体の目標やその中での自らの位置づけを理解し，自らが統率する部門の目標を定める，マネジャーとしての自らの責務や評価の根拠を明確化することが可能になるからです。また，このような下位のマネジャーの参加があってこそ，上位のマネジャーは，下位のマネジャーに何を期待し，何をどこまで求めるべきかが明確になる，とも述べています。このような管理手法を，ドラッカーは，**目標による管理**（Management By Objectives, **MBO**）と名づけました。

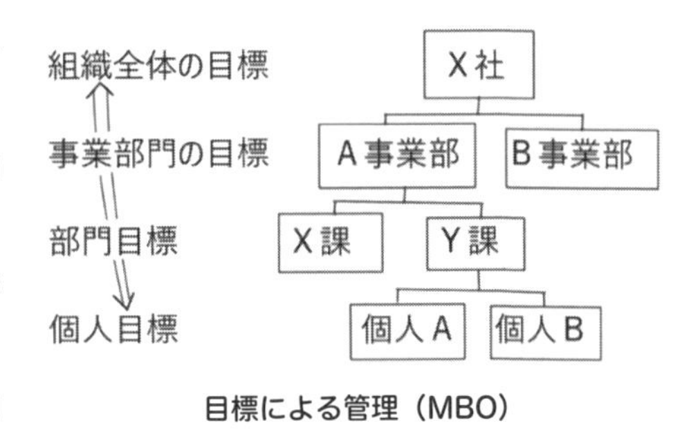

目標による管理（MBO）

上位のマネジャーによる賞罰や，成果に対して報酬を支払う外発的モチベーションによる管理手法に比べ，MBOに基づく管理は，マネジャーが自らの目

〈memo〉

標を設定するだけでなく，その目標に照らし合わせて，自らのパフォーマンスや成果を評価すること，つまり**自己制御**（self-control）を可能とします。自己評価は，厳密な数値に基づく計測である必要はありませんが，本人にとって明確で，簡潔で，合理的でなければならない，とドラッカーは述べています。つまり，どこへ行くべきか，その行為と注意の方向性を定めるべく，また間違った場合に修正を可能とすべく，さらには，目標を追求する本人にとって，分かり易い内容でなければならない，としています。またその為には，パフォーマンスを測定するための情報を本人が入手できなければならない，とも述べています。パフォーマンスの測定に必要な情報を，上位者だけでなく本人が入手することで，自らのパフォーマンスの制御や修正が可能となる，というわけです。

ドラッカーは，管理者にとっての「**管理の哲学**（A Philosophy of Management)」として，個人の強みや責任に十分に目を配り，その視線と努力を共通の方向に向け，チームワークを確立し，全体の利益に向けて個人のゴールを調和させること，を強調しています。そして，これを可能とするのは，目標による管理（MBO）と自己制御だとしています。もういちど **Exercise10-3** のストーリーを思い出してください。3 人の石工のうち，三人目の石工のみが，このことができていたということになります。MBO と自己制御によって，外発的でなく内発的モチベーションが喚起され，外部統制ではなく自己決定による行動が可能となります。このような行動を通じて，個人のゴールの追求と組織全体のゴールの追求が一致することになり，個人も組織もそのニーズを満たすことができる，というわけです。

ドラッカーが MBO を提唱したのは半世紀以上も前ですが，MBO は現在の人事管理にも活用されています。皆さんの中には，仕事は上司から指示されて行うもの，とイメージしている人も少なくないでしょうが，仕事を覚えるにつれ，与えられた仕事ばかりでなく，自らやりたいと思う仕事に携わりたい，と考える人が増えてくるはずです。

ところで，ほとんどの企業において，一年に一度（あるいは半期や四半期

〈memo〉--

に一度，と企業によって頻度は異なりますが），上司と部下が話し合いを通じて，個人目標を設定しています。この個人目標は，部門目標の達成に貢献するよう設定されることが期待されています。これを**目標管理制度**と呼んでいます。多くの場合は，個人の学習目標（どのような知識，スキルを身につけるか）と成果目標（どのような仕事上の成果をどのように出すか）について，上司が提案し，部下が受け入れる形を取りますが，この際部下の意見も参考にしつつ目標が設定されます。逆に，部下から上司に対して部門の目標達成に対して自らがどう貢献すべきか提案がなされることもあるでしょう。いずれにせよ，このような目標管理制度を通じて，上司と部下間での合意が成立し，その範囲において，上司は部下に仕事上の指示を与え，部下は上司の要求に従うことになります。

目標管理制度

しかし，厳密にそのような運用がなされているかどうかは，組織によって異なります。目標管理制度とは名ばかりで，一方的な目標の押し付けにより部下の行動を統制しようとする上司や企業も少なくありません。また，目標管理制度が上司と部下の合意を促し，組織と個人が互いのゴールを追求する手段としてではなく，形式的に，つまり会社のルールだからと，上司と部下が慣例的に実施しているケースも少なくありません。このような形骸化した目標管理制度に，組織メンバーのモチベーションを高める効果は望めません。皆さんは，MBO 本来の意味を理解できたはずですので，目標管理制度を有効に活用されることを願っています。

10.6　結びにかえて

この章では，モチベーションと目標との関連性について考察を進めました。私たちにとって，ゴールは，自身の欲求を充たす誘因として存在します。そ

〈memo〉--

れは他者から与えられる場合もあれば，自ら見出す場合もあります。自ら見出したゴールは，内発的モチベーションを喚起し，そのゴールを獲得しようとする行動を促進する大きな効果を有します。他者から与えられたゴールの効果は，それほどではありませんが，そのゴールに自ら価値を見出すことができれば，自らのゴールとして内面化することが可能となります。内面化されたゴールの追求は，自ら決定したゴールと同様に私たちの行動を促進し，その達成を通じて成長を感じることも可能です。私たちにとって，他者の制御のもとで行動するよりも，自発的に行動することは，心身の健康面でも重要です。

個人的な行動については自己決定が可能でも，集団や組織の中での行動には制約がつきものです。だからこそ，自分の仕事の目標を，自部門の目標との関連で位置づけ，相互に目標達成する上での自部門の他者，あるいは他部門との関係性を理解することが必要となります。上位者から与えられた目標であっても，その意義が理解できれば，それを内面化することで自発的に仕事に取り組むことが可能となり，他者や他部門との相互支援も促進され，個人が自発的に目標達成に向けて努力することが可能となります。目標を達成すれば，他者から認められ，自ら達成感を得られるばかりか，成長を実感することにもつながります。このような状況を作り出すのがマネジャーの責務である，と半世紀以上も前に指摘したドラッカー（20 世紀で最も偉大な経営学者の一人とみなされています）が，未来学者と呼ばれるのも理解ができますね。現在においても，ドラッカーの理想とした目標管理制度が実現できている職場は多くはないでしょう。近い将来にそのような未来が私たちすべてに実現することを願うことにしましょう。

最後に次の Reflection について考え記述しておきましょう。

〈memo〉--

Reflection 10　**Exercise10-1** で取り上げた３つの組織活動において，あなたに与えられた目標について，外部統制や内面化の程度を分析してみましょう。それはあなたのその組織でのパフォーマンスや，同僚との関係性にどう影響していますか。

〈記述欄〉

〈memo〉

第11章

モチベーションと期待

第８章と前章では，モチベーションには誘因としてのゴールが関わっていることを確認しました。ゴールが望ましい結果ならばそれを得ようと，あるいは恐れている結果であればそれを避けようと私たちは動機付けられます。一方，どの程度望ましい結果を得られるか，あるいはどの程度恐れている結果を避けられるか，その期待にも私たちの行動は左右されます。この章ではこのようなモチベーションと期待の関係性について考察をすすめていきます。

11.1 モチベーションと期待

早速ですが，次の Exercise をやってみましょう。

Exercise11-1　次の，X 社も Y 社も，あなたの関心のある業界の企業だとします。あなたが求職中の場合，X 社，Y 社どちらに応募しますか。また，なぜそちらに応募しようと思ったのですか。その理由をできるだけ多く書き出してみましょう。

X 社：給料は平均より高いが，その分仕事は不定型で要求度も高く，常に努力が必要。だが，仕事の成果に応じて給料はアップし，やりたい仕事に就ける可能性も高まる。逆に成果が出せなければ給料はダウンし，場合によっては降格や解雇もありうる。

Y 社：給料は平均以下だが生活には困らない程度。定型的な仕事が多く，勤続年数に応じ徐々に給料は上がる。やりたい仕事にすぐではないがいつかは就ける。倒産しない限り解雇はない。

〈記述欄〉

解説　さて，皆さんはどちらを選びましたか？ どちらも極端に誇張したケースですので，選ぶのが難しかったかもしれませんね。実際にはこの 2 つのケースの中間に位置づけられる企業が多いはずです。かつて日本では Y 社寄りの企業が多く，今後は X 社寄りの企業が増えるとも言われていますが，実際はどうでしょうか。伝統的な人事管理を行う典型的な日本の企業でも，新入

〈memo〉

社員はともかく，管理職以上の職階では，X 社のような成果に基づく処遇がなされることは珍しくありません（ただし，解雇については例外）。

次に理由について考えてみましょう。X 社を選んだ人は，給料は高い方が良い，早く力をつけたい（出世したい），横並びや退屈なのは苦手だ，といった理由を挙げたのではないでしょうか。逆に Y 社を選んだ人は，生活は安定していた方が良い，競争は苦手だ，と思っているかもしれません。あるいは，自分の性格を考えての向き，不向きに言及した人もいるでしょう。実際，キャリアガイダンス等を通じて，職務適性検査を受けた人も中にはいるのではないでしょうか。確かに，自分のパーソナリティに適合しない職務に就くと，満足が感じられず，離職に至る可能性が指摘されています（Holland, 1997）。

この章では「**期待**」という側面から，モチベーションを考えてみましょう。**Exercise11-1** で給料が高い方が良いと思っている人は，そのような期待が見込める X 社で働くことができれば，モチベーションは高まるはずなので，X 社を選ぶはずです。一方，生活は安定しているのが一番と考える人は，そのような期待が見込める Y 社を選ぶはずです。つまり，私たちは，行動をおこす際，その行動の結果として何が得られるのかを考えて行動していることになります。さらに，**Exercise11-1** では，どちらに応募するかという視点で考えてもらいましたが，実際の就職活動では，応募しても採用されるかどうか，が応募の際の判断基準の一つとなるはずです。

つまり，以前の章でも取り上げた通り，私たちのゴールは，望ましい結果や望ましくない結果の回避に関わっていますが，私たちの行動は，どの程度望ましい結果に到達できるか，あるいはどの程度望ましくない結果が回避できるかといったような，期待の高低によって，促進されたりされなかったりする，とも考えられます。採用される見込みの高い企業に応募する人は多いでしょうが，見込みが全くない企業に応募しても時間と労力の無駄になりかねず，応募を見送る人が多いのではないでしょうか。

〈memo〉--

11.2　予測される価値

心理学者ヴルーム（V. H. Vroom）は，このような動機付けに対する期待が果たす役割に注目し，**期待理論**を提唱しました（Vroom, 1964）。期待理論には，2 つの予測が関わっています。一つ目は価値の予測です。**予測価値**（＝Valence）は実際の価値（＝Value）とは異なります。欲しいと思っていたものでもいったん手に入れてみるとそれに満足できない場合もあれば，避けていたことが実際に経験してみると意外にも満足をもたらすこともありえます。しかも，ある行動の結果は，その結果だけでなくそれ以外の関連する結果ももたらすでしょう。

例えば，**Exercise11-1** で取り上げた X 社を例にとってみましょう。X 社に就職した場合，当面は高給を手に入れることができるでしょうが，その分仕事の要求度は厳しくなりそうです。高い給料はプラスの予測価値を持つかもしれませんが，厳しい仕事はマイナスの予測価値を持つかもしれません。

予測価値はひとによっても異なります。高給は，給料は高ければ高いほどいいと考える人にとっては大きなプラスの予測価値を持つでしょうが，生きていくに十分な給料がもらえればいいと考えている人にとっての予測価値はプラスであったとしても絶対値はそれほど大きくないでしょう。厳しい仕事は，ほどほどに働きたい人にとってはマイナスの予測価値を持つかもしれませんが，若いうちから自分の実力を試したいと思っている人にはプラスの予測価値を持つかもしれません。

ひとによっては，就職に伴う他の様々な結果についての予測がさらになされるかもしれません。例えば，将来自分の家庭を築いた際には，働きながら子育てにも積極的に関わりたい，と考えている人は，ワークライフバランスや，転勤の有無などについても考慮に入れ，それ

予測される将来の価値

〈memo〉

ぞれの予測価値を見積もるかもしれません。

さらに，ある行動の結果が，その他の様々な関連する結果を実現する確率（これをInstrumentality＝**道具性**と呼びます）も，ひとによって異なります。例えば，X社に就職すれば，自分なら確実に実績を出し高給を手に入れることができる，と考えている人も，自分の実力だったら高給どころか減給もありえる，と考えている人もいるでしょう。両者が，たとえ同程度の価値を給料に見出していたとしても，X社への就職がもたらすこの価値の実現確率は異なるはずです。前者にとって，予測価値の実現確率は高く，後者には予測価値の実現確率は限りなく低いということになります。

このように，私たちは，ある行動の予測価値を見積もる際に，その行動がもたらすだろう他の関連する結果（例では，給料だけでなく，職務やワークライフバランス，転勤等）の予測価値と，その関連する結果が実現する確率である道具性を掛け合わせたものの総和として，その行動の価値を見積もる，とヴルームはみなしました。

複雑な説明になりましたが，X社の例に戻って考えてみましょう。Aさん，Bさんの2人がX社への応募を検討しているとします。Aさん，Bさん共に，X社に就職することは，①高給，②要求度の高い職務，③働きすぎによるワークライフバランスの欠如，をもたらすと考えているとします。そして，Aさんにとっての高給や，要求度の高い職務の予測価値は高いプラスの値を取りますが，仕事以外にもやりたいことがあるため，ワークライフバランスの欠如の予測価値は中程度のマイナスの値を取るとしましょう。また，Aさんは自信家であり，X社に就職すれば，自分の実力をもってすると，確実に高給や要求度の高い職務はもたらされるだろうが，ワークライフバランスの欠如は，自分の仕事のすすめ方次第で回避はある程度可能と考えていたとします。そうすれば，Aさんの①給与の予測価値×実現確率と②要求度の高い職務の予測価値×実現確率は共に高いプラスの値となり，③のワークライフバランスの予測価値×実現確率は低いマイナスの値となり，全体としての予測価値の総和はかなり高いプラスの値となり，X社への就職は，Aさんにとっ

〈memo〉

ては誘因とみなされることでしょう。

一方，Bさんにとって，高給の予測価値はプラスの値をとりますがAさんほどでなく，要求度の高い職務やワークライフバランスの欠如は共に高いマイナスの予測価値を持つ（＝回避したい結果である）としましょう。またBさんはX社に就職しても，会社の期待に応えられるか自信がないとしましょう。この場合，①高給の予測価値×実現確率は低いプラスの値，②要求度の高い職務の予測価値×実現確率と③ワークライフバランスの予測価値×実現確率は高いマイナスの値となり，これらを総合すると全体としてマイナスの予測価値となり，X社への就職はBさんには誘因とはならず，むしろ避けるべきものとみなされるでしょう。なお，以上の考え方を数式であらわすと次のようになります（説明のためですので覚える必要はありません）。

$$V_j = f_j \left[\sum_{k=1}^{n} (V_k I_{jk}) \right] \qquad (j = 1 \cdots n)$$

V_j＝結果 j の予測価値

I_{jk}＝結果 j がその他関連する結果 k をもたらす実現確率で -1 から 1 の値を取る

11.3　予測される結果

期待理論には2つの予測が関わっていると述べました。一つ目は既に説明した，価値の予測です。二つ目は結果の予測です。行動の結果を行動する本人がすべてコントロールできるわけではありません。先ほどの例では，X社に応募したとしても，実際に採用されるかどうかは，他にどのような人が応募するか，また採用担当者がどのような人で，どのような評価を下すか，にかかっています。このように，私たちの行動は，その行動がどのような価値をもたらしてくれるかの予測のみならず，その行動の結果がもたらされる確からしさ，つまり**期待値**から影響を受けます。

期待理論では，ある行動の結果がどの程度その行動を誘発するかは，このような期待値に，予測価値を乗じたものである，と仮定しています。行動の

〈memo〉

結果もたらされる予測価値が大きなプラスだったとしても，実際にその結果が確かにもたらされなければ（＝期待値が低ければ），行動を誘発する力は弱まります。一方，ほどほどの予測価値であったとしても，確実に結果がもたらされるとすれば（＝期待値が高ければ），行動を誘発する力は大きい，と見積もることができます。

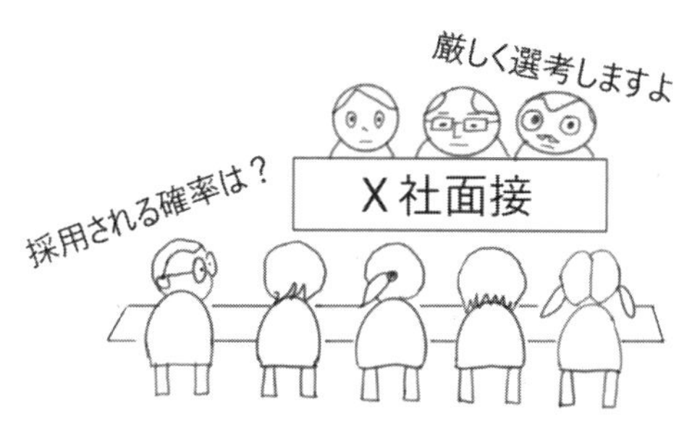

行為がもたらす結果（実現可能性）の予測

再びX社の例を取り上げましょう。X社へ応募をするかどうかは，X社への就職がもたらす予測価値の全体と，X社へ応募した場合に採用される確からしさである期待値を乗じたものだと考えられます。先ほどのAさんは大変な自信家であり，A社に応募すれば，かなりの確率で採用される，と見積もっていたとしましょう。そうすれば，AさんのX社に就職した場合の総合的な予測価値は高く，採用される期待値も高いですから，両者を乗じた結果としての，X社への応募へと行動を誘発する力は大となります。

一方，Bさんは，X社に応募しても，Aさんのようなツワモノと競い勝ち，採用される自信はありません。BさんのX社に就職した際の総合的な予測価値が（前例ではマイナスの値でしたが）たとえプラスの値だとしても，採用される期待値が低ければ，BさんをX社への応募に駆り立てる力は弱いでしょう。以上のような関係性を数式であらわすと，以下のようになります（説明のためなので覚える必要はありません）。

$$F_i = f_i \left[\sum_{j=1}^{n} (E_{ij} V_j) \right] \qquad (j = n + 1 \cdots m)$$

F_i＝行為iを誘発する力　　V_j＝結果jの予測価値

E_{ij}＝行為iが結果jをもたらすであろう期待値（-1から1の値を取る）

〈memo〉--

このように，期待理論では，合理的に結果を計算する個人を前提としてモチベーションを捉えています。つまり，私たちの行動を促す力は，その行動の結果が総体的にもたらすであろう価値の予測だけでなく，その総体的価値がどの程度の確からしさでもたらされるかに関わる結果の予測にも，依存するというわけです。

ある行動がもたらす結果全体の予測価値とその予測価値がもたらされるだろう期待値が大きければ大きいほど，強い誘因となり行動を促す力も大きくなります。例えば，自分でやりたいと思い，やり遂げられると思った仕事に就くことができれば，その仕事に一生懸命取り組むことでしょう。一方で，自ら意義が見出せない仕事に就いた場合，たとえそれをやり遂げられる自信があっても，それほどモチベーションは高まらないはずです。あるいは，意義は感じられるけれども，到底やり遂げることは不可能だと考えるような仕事は，なかなか前に進めることはできません。期待理論に従えば，モチベーションは予測価値に期待値を乗じた結果としてもたらされるため，どちらかが低ければ低まります。一方，ともに高ければ高いほど，私たちのモチベーションも高まると考えられます。

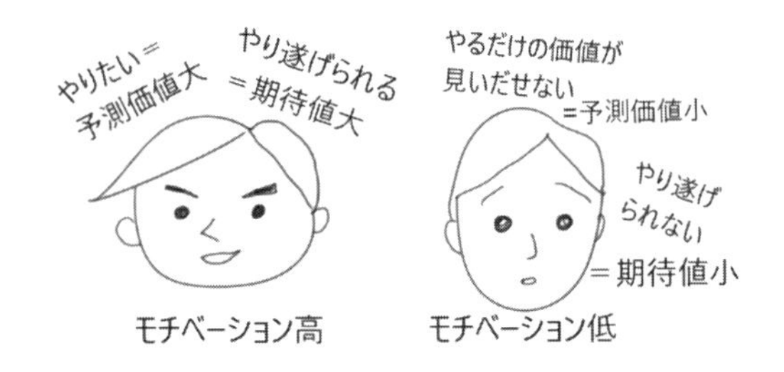

11.4 結びにかえて

これまで４章にわたり，モチベーションを取り上げてきました。第８章では，私たちはひととして共通した欲求を有し，その欲求を充足しようとしますが，それぞれが置かれた状況によって欲求の充足状況や活性化される欲

〈memo〉--

求が異なることについて，理解を深めました。第 9 章では，誰かや何かと比較して現状を認知する私たちの傾向，特に，不公平や不公正感が私たちのモチベーションに及ぼす影響について，確認しました。第 10 章では，モチベーションがゴール達成に向かい誘発されること，また，達成すべきゴールに個人が自発的に関わるかどうかが重要であること，だからこそ，組織の目的を達成するには，組織全体のゴールと個人のゴールを同じ方向に向ける必要があることについて，説明を加えました。そして，この章では，私たちが，ゴールを達成した際にもたらされる結果が総合的にもたらすであろう価値と，その価値を手に入れることができる期待値を見積もり，モチベーションを高めたりも低めたりする，とする見方を紹介しました。

このようにモチベーションへのアプローチは様々に存在し（このテキストで紹介した他にも様々なアプローチが存在しますが），そのうちどれがどれより正しいというよりは，どの見方も，私たちのモチベーションを理解する上で，有効であることが理解できたのではないでしょうか。いずれにせよ，モチベーションは，私たちが外部環境と関わろうとする際の，その関わり方に関係します。一方，外部環境が，私たちがモチベーションを高めたり，低めたりする誘因を提供するとも言えます。組織の中で，周りのひとと相互作用しつつ，自らの欲求を充足させ，自らが価値を見出している事柄を獲得し，追求していくことは，皆さんの自己実現性を高め，個性を伸ばすことにつながります。そして，このような作用を働かせるには，自らが置かれた環境が実際どのようであるかのみならず，その環境を自分自身がどう捉え，生かし，変えていけるかにもかかっているとも言えるでしょう。

皆さんが，受け身ではなく，積極的に周りと関わっていけるように，またそのような関わり方を通じて，皆さんそれぞれが価値あるとみなす物事を獲得し自己実現性を高めていけるように，4 章にわたって取り上げたモチベーション論の学習を是非役立ててください。

最後に次の Reflection をやっておいてください。

〈memo〉--

Reflection 11　組織行動論を学習することへのあなたのモチベーションの程度を，期待理論を応用して分析してみましょう。

〈記述欄〉

〈memo〉

第12章

意思決定

いよいよ最終章となりました。この章では，意思決定を取り上げます。これまで確認してきたように，私たちの行動の背景には，外部環境からの刺激や情報があります。これら刺激に反応する上で，望ましい結果や望ましくない結果の回避というゴールを目指しモチベーションが生じます。ゴールに至る方法が１つしかなければ行動も自ずと定まりますが，通常はいくつかの選択肢があるはずです。このような行動の選択に関わるのがこの章で取り上げる意思決定です。

12.1　行動と行為，選択

早速ですが，次の Exercise をやってみましょう。

Exercise12-1　あなたが大学・職場に通うにはどのような経路がありますか。今の通学・通勤経路を使用しているのはなぜですか。

〈記述欄〉

解説　私の場合は，通勤に 1 時間程度かかっています。電車は中央線を利用していますが，中央線にはご存知の通り，各駅停車の総武線と，主要駅にしか止まらない中央線の電車が並走しています。私の場合，中央線の方が早いにもかかわらず，それほど混むこともなく座って本を読むこともできる総武線を主に利用しています。途中から地下鉄を利用することも可能なのですが，乗り換えが億劫なのでこちらは滅多に利用しません。現在の通勤ルートは法政大学に務めだしてからまもなくして定着し，その後は総武線が運休しない限り，他のルートについては考えることはほぼありません。駅に着くと身体が勝手に私を然るべきホームへ連れていき，しかるべき電車に搭乗させるかのようです。皆さんも同じように通学・通勤ルートは習慣となっているのではないでしょうか。

このような習慣化した行動は，以前に取り上げた条件付け学習の成果で，何度もくり返すことにより生じます。いちいち頭を使って考える必要はありません。ですが，このような習慣的行動に至る前に，私たちは可能なルートについて調べ，どれが自分にとって望ましいルートなのか選択したはずです。（実際には，パソコンやスマホのソフトに出発地と到着地を入力して，出力された案

〈memo〉

に従った人が多いでしょうが，それにしても最終的にその案を採用したのは皆さん自身です。）

行動（behavior）と**行為**（action）は紛らわしい言葉ですが，ここで違いを明確にしておきましょう。社会学者エルスター（J. Elster）によれば，行動は，（例えばひとや物に押されて動くのではなく）行動する本人によってもたらされる身体的な動きのことをあらわし，行為は中でも意図的な行動のことをあらわします（Elster, 2007）。先ほどの通勤・通学ルートの例に戻れば，あるルートを通って通勤・通学することが習慣となっていれば，それは行動です（意思決定を伴いません）。しかし，最初はどのルートがいいのか意思決定をしたはずです。つまり，他のルートも含めた複数の候補の中から選択したはずです。これは行為であり，行為には選択が伴いますが，行為を控えるという選択ももちろん存在します。

12.2　機会と選好

エルスターは，私たちの意図的な行動である行為を，2つの連続したフィルターを通した結果とみなしています。一つ目のフィルターは，行為主体が直面する**制約**であり，制約には物理的，身体的，経済的，法的，その他の制約が含まれます。このような制約を充たすケースが，行為主体にとっての，選択のための**機会**となります。二つ目のフィルターは，機会の中で，どの行為を実際に選択するのかに関わっています。行為主体は自らにもっともよい結果（あるいは最も悪くない結果）をもたらす行為を選択すると想定されますが，結果の良しあしを決めるのは，行為主体の**選好**です。

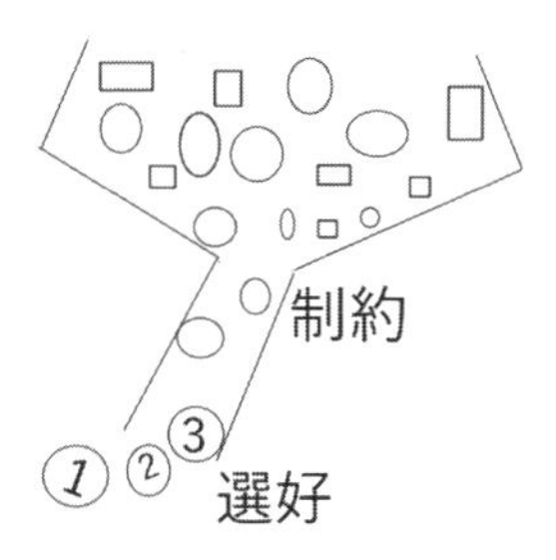

制約と選好：2つのフィルター

一つ目のフィルターが1つの機会しか提示

〈memo〉--

しなければ，選好がどうであれ，それを選ばざるを得ず，二つ目のフィルターが働く余地はありません。つまり，制約が選択の幅を狭め，私たちの選好にかかわらず，行為を制御することもあります。コロナ禍による，感染防止のための外出規制は，対面コミュニケーション上の制約となり，生活上の選択の幅を狭め，やりたいこと，やるべきことができなくなった（＝選好を反映させることが難しくなった）ことは記憶に新しいことと思います。

さて，前章では，ヴルームの期待理論について取り上げましたが，皆さんは内容を覚えていますか。そこで予測に関する２つの方程式を紹介しました（ただし，この方程式自体は覚えなくてもいいと伝えました）。一つ目の方程式は予測価値を数式化したものでしたが，予測価値は選好に関係します。例えば，予測価値がプラスの値を持つとは，行為者は特定の行為が自らに望ましい結果を総体的にもたらすと考えていることを示し，その行為に対する選好もプラスということになります。一方，予測価値がマイナスとは，その行為を遂行すれば自らに望ましくない結果がもたらされるとみなしていることを示し，その行為に対する選好もマイナスとなります。また，予測価値がゼロの場合は，行為に対しての選好はプラスでもマイナスでもない，つまりどちらでもよい，ということになります。

なお，エルスターの二つ目のフィルターでは，行為主体は自分にとって最も良い結果をもたらす機会を選択すると仮定しています。このことは選好順位が最も高いものを選択することを意味し，ヴルームの期待理論においては，予測価値が正の場合は，その絶対値が最も大きいものを選択する，あるいは予測価値が負の場合は，その絶対値が最も小さなものを選択すると捉えることができます。

ところで，意思決定は行為の選択に関わっていますが，行為の遂行に関わるのはモチベーションです。期待理論の二つ目の方程式を応用すると，予測価値が正の場合は，期待値が高いほど，私たちはそれをもたらす行為を遂行すべくモチベーションを高めることになります。

それでは，以上の説明を踏まえ，次の Exercise をやってみましょう。

〈memo〉--

Exercise12-2　あなたの通学・通勤ルートに関する意思決定を，制約，機会，選好，予測価値，第一フィルター，第二フィルターという6つの言葉を用いて分析してみましょう。

〈記述欄〉

解説　さて，6つの言葉の意味を理解して使い分けることはできたでしょうか。言葉の差異に注目し使いこなせるようになると，より複雑な事象が表現できるようになりますね。

例えば，私の通勤（が習慣化される以前）の意思決定を例にとると，体力面と通勤距離や通勤にかけられる時間・コスト面の「制約」から（歩行や自転車での通勤は体力的にも時間的にも難しい）公共交通機関を利用するしかありません。公共交通機関である，電車を利用する場合，中央線，総武線，地下鉄，これらの乗り継ぎが候補として残ります。それぞれの組み合わせは何通りかありますが，この組み合わせが，エルスターのいう「第一フィルター」を通過した「機会」とみなすことができます。

私にとって，結果の良しあしの決め手は身体的自由度・疲労度（車中で座って本や資料を読めるかどうか）で，この点，選択できる機会の中で一番望ましい「予測価値」をもたらすのが，つまり「選好」順位が最も高いのが，総武線による通勤，ということになり，これは「第二フィルター」にかけられた結果とみなすことができます。

第一フィルターは，制約条件に関わりますが，制約条件は，行為者自身（内的要因）だけでなく，行為者の置かれた状況（外的要因）にも依存します。通勤の場合は，行為者がどの程度通勤に時間とコストをかけることができると考

〈memo〉

えているか（内的要因）の他にも，実際の居住地によって交通手段がある程度限定され，勤め先によって交通費がどの程度支給されるかが決まります（外的要因）。

第二フィルターは，行為者が何に意義や価値を見出しているか（内的要因）に依存しています。教員の中には，電車に座って通勤するより，10 キロ程度の道のりなら自転車で通勤するのを良しとする人もいます。このような人は，身体を休ませるより鍛えることに価値を見出していると考えられます。

12.3　意思決定と合理性

意思決定が合理的である，とはどういうことでしょうか。エルスターは，合理的選択について，3 つの前提条件を提示しています。すなわち，①行為が信念に基づき最適であること，②その信念は，事実関係（エビデンス）に基づきできる限り証明できること，③実証のための情報収集に最適な投資を行うこと，です（Elster, 2007）。

前提条件の①を，機会と選好，行為というこれまで使用してきた言葉を用いれば，本人に与えられた制約下での機会とそれぞれの機会がもたらす結果についての本人の信念（＝本人がそう信じるところ）に基づき，本人の選好を最も充たすような行為を選択することが合理的である，ということになります。ただし，機会やそれがもたらす結果に関する信念が間違っていれば，当然，合理的な選択ではなくなります。そのため，この信念が正しいことを証明するためのエビデンスが必要となり（前提条件②），このようなエビデンスを得るための情報収集への最適な投資を行う必要がある（前提条件③）ということになります。

少し複雑なので，選挙を例にとって考えてみましょう。候補者 A，B について，X さんは A より B がふさわしい，Y さんは B より A がふさわしいと考えれば，X は A に Y は B に投票するでしょう。X さん，Y さん共に，候補者 A，B が提示する政策をよく検討し，その実行可能性を見積もり，その

〈memo〉--

上で自らが望ましいと考える候補者に投票したとしましょう。この場合，合理的な意思決定に基づき投票したとみなすことができるでしょうか。

A，B それぞれが掲げる政策の内容とその実行可能性に関する X の信念と Y の信念に合意が成立すれば，両者が十分な情報を集めた上で，その情報に基づいて意思決定がなされたとみなすことができるでしょう。このような場合，X，Y の異なる候補者への投票は，それぞれの選好の相違に基づく結果である，とみなすことができます。

しかし，多くの場合，互いの信念に合意を見出せることは，滅多にありません。自分の見方が正しいと思い，相手は間違っている，とお互いかみ合わない方がむしろ多いのではないでしょうか。第 6 章で確認したように，私たちがひとや事象を認知する際，自分の欲求や価値観，態度と矛盾しない局面を選択する傾向が見られます（＝選択的認知）。意思決定のもととなる信念に互いに相違がみられる場合は，X か Y のいずれか，あるいは両方の信念が十分な情報収集を行った上で得られたエビデンスに基づいて形成されたとはいえないでしょう。このような場合，合理的意思決定に関する条件が成立しません。

それでは，次の Exercise をやってみてください。

Exercise12-3　あなたが現在の大学・職場を選んだ過程を，エルスターの合理的意思決定の 3 つの条件に照らし合わせて分析してみましょう。

〈記述欄〉

〈memo〉

解説 通勤よりも進学や就職の方が，皆さんにとっては重要な意思決定のはずです。それでは，皆さんの進学や就職時の選択は，合理的な意思決定とみなすことができるでしょうか。

おそらくは，皆さんの多くは①の条件，信念に基づき最適な選択をすること，は満たしていることでしょう。つまり，大学受験や就職の際，様々に考えつく制約条件を考慮し，考えつく選択肢から選んだはずです。例えば，進学の際の制約条件としては，立地や学費，偏差値は代表的なものですね。海外の大学に留学するには，高い留学費用もかかりますし，一般学力の他に，現地での高い言語でのコミュニケーションスキルも必要ですから，なかなか受験の候補には上がらないでしょう。他にも皆さん一人ひとり，様々な制約条件があったはずです（例えば，本人の適性，親の期待等）。このような制約下で，いくつかの大学が候補として残り，今度はそれぞれの大学の試験科目や日程を調べつつ(これらも追加の制約条件となります)，最終的に受験する大学や学部を決めたのではないでしょうか。そして，実際に受験をして受かった大学（合格することも最終的な制約条件と考えられます）が候補として残り，複数合格すれば，その中で最も自分が行きたい大学と学部（＝選好順位が一番の大学と学部）を選択したのではないでしょうか。推薦入学の人も，どの時点かで推薦にするか，受験をするか，という意思決定をしたはずです。その際に受験者と同様に，自らの制約を考え，その制約を充たす大学・学部の中で最も選好順位が高いものを選んだはずです。

さて，皆さんのほとんどが進学や就職の際，①の条件である信念に基づき最適な選択を実行できたとしても，②，③の条件，つまり，その信念を形成する上で，十分な情報収集を行ったかどうか，また最終的に残った選択肢が，果たして制約条件に照らし合わせ網羅的であるかどうかについては，再考の余地があるのではないでしょうか。つまり皆さんがそう信じていたとしても，果たしてその信じ込んでいた制約や機会とそれぞれの機会がもたらすであろう結果が正しいかどうかについては疑わしいということです。

実際，入学や就職をしてから，「あれ？ 思ってたのと違うな」，と感じた人も少なくないのではないでしょうか。このような場合，信念を形成するもととなった，事実関係の認知が間違っていたか歪んでいたか，そもそも認知に至る情報収集への投資が不十分であった可能性があります。あれっと思った人の中には，先に進学や就職していた先輩や友人からの話を鵜呑みにしたり，先生や

〈memo〉--

親にすすめられるままに自らは十分な情報収集をせず，進学や就職を決めた人も少なからずいるでしょう。これでは合理的な意思決定をしたとは言えませんね。

③の条件である実証のための情報収集に最適な投資を行うことも容易ではありません。例えば，合理的な意思決定が求められる典型的な職業である医者を例にとりましょう。目の前に重篤な患者が運ばれてきた際，なぜこのような状況が起きたのか，十分に情報を収集しようと様々な検査に時間と労力をかければ，患者の容体はその間に悪化し，最悪死んでしまうこともありえます。この場合，なるべく短い時間で必要な情報を得ることが必要ですが，どの情報がどの程度必要かの判断には，相当の知識と経験を要することでしょう。

大学受験や就職は，（複数回の受験や浪人，あるいは転職を経験していない限り）初めての体験であり，前述の②，③の合理的信念を形成するための条件を満たすことは困難です。だからこそ，受験や就職に関しては，過去の経験に基づくエビデンスを多く蓄積し，受験生や求職者にコンサルティングを行う塾や予備校，人材紹介業などが収益を上げることができるとも言えますね。

12.4　合理性の限界

私たちは，通学ルートから，進学，はたまた就職や，配偶者選択まで，これまでも，現在も，そして将来にも，様々な意思決定を行いますが，それぞれの意思決定の重要性は当然異なります（通勤ルートは多少間違ってもさほど困りませんが，就職や配偶者選択を間違えると大変です）。組織の中では，種々の意思決定が様々な人によってなされていますが，その重要性も異なります。新入社員やいわゆる平社員に比べ，課長や部長等管理職の裁量権は大きく，社長ともなればその意思決定が組織目標の達成のみならず，組織の存続自体に甚大な影響を及ぼしかねません。

組織図はよくピラミッドに例えられますが，ピラミッドの底辺に位置づけられるポジションほど，意思決定が組織内で及ぼす範囲は狭く重要性は低くなっています。一方，頂点に向かうほど，範囲が広がり重要性も高まります。そして，広範囲に及ぶ重要な意思決定であればあるほど，合理的に行う必要

〈memo〉

があります。しかし，前述の通り，合理的な意思決定のための条件を充たすことは容易ではありません。私たちひとの合理性には限界があります。

効果的な意思決定

合理性の限界について，学術的に言及したのがサイモン（H. A. Simon）です。サイモンは，意思決定がどのようになされるのか，より効果的になされるにはどうすればよいのかについて，社会科学の様々なアプローチを用いて研究を続け，1978 年にはその功績によりノーベル経済学賞を受賞しています。

サイモンは，マネジメントにおける意思決定を取り上げ，それを，1）意思決定が必要とされる箇所を見つけること，2）決定のためのいくつかの可能な進路を発想し，考案し，かつ分析すること，3）所与の進路の中からどれか 1 つを選考すること，の 3 つの段階に分けて述べています（サイモン，1987）。

この 3 段階を，新型コロナウィルス感染症が最初に拡大した際の各国の意思決定にあてはめて考えてみましょう。日本では，外出の「自粛」という手段を取りましたが，最初に感染が広まった中国を始めとするいくつかの国では，外出「禁止」という手段を取ったところもあります。あるいは，集団免疫の獲得を目指して，当初は外出規制を行わなかった国もありました。これらは前述のサイモンの提示する，1），2），3）の段階を経た意思決定と捉えることができます。1）の意思決定が必要な個所については，どの国においても感染症拡大の早期収束が最大の目的でしたが，その中でも医療機関の収容力や，経済活動への影響への懸念，国民の行動の自由の制限に対する各国の問題意識やアプローチは様々でした。そして，2）の可能な進路については，各国での医療や公衆衛生の専門家の助言も含めた分析結果に基づいて，いくつかの方策が打ち出され，3）その中から自国に最も適切だとされた方針に基づき行動規制が行われました。その意思決定がもたらした結果は国に

〈memo〉

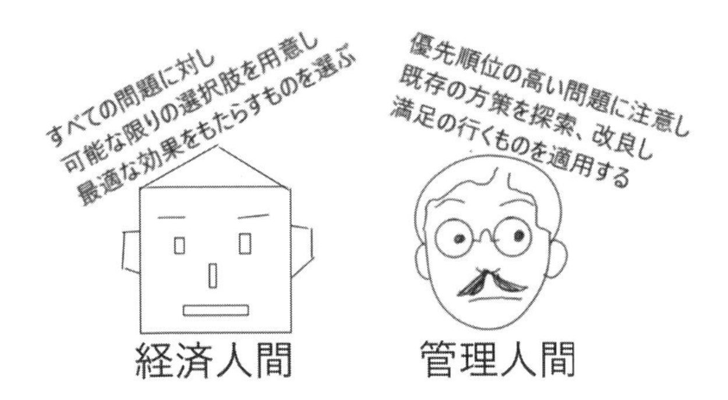

よって様々でした。死者数や感染の拡大（収束），免疫の獲得状況，小規模企業の倒産や経済活動の停滞，これらをもととした経済や社会全体の不安定化といった結果が各国で大きく異なったことは記憶に新しいはずです。

経済学者が提示する，合理的意思決定モデルでは，可能な限りの進路を探索し，その中から最適な効果をもたらす進路を選択することが想定されています（先ほどのエルスターのモデルにおける①，②，③の条件，すべてが充たされている，と考えることもできますね）。しかし，サイモンは，このような「**経済人間**（economic man）」に対して，「**管理人間**（administrative man）」を提示し，後者は，最適な進路ではなく，満足のいく進路を考案し選択する，とみなしました。

サイモンは，私たち人間は直面する多くの状況において，適度な数の変数，あるいは決定的な事柄を見つけ出すことができるだけと指摘し，これが私たちの意思決定に限界をもたらすとします。つまり，私たちは，すべての問題ではなく情動喚起を伴う，優先順位の高い問題に注意を向け，その問題を解決する上で，すべての方策を探索するのではなく，既に知っている方策やその改良を目指し，その結果を予測する能力面でも万能ではなく限界がある，というわけです（サイモン，1987）。最適基準ではなく，満足基準に従う「管理人間」は，最適の利益や価格を追求しているのではなく，十分な利益やそのための適正な価格を追求している，ともみなすことができます（Pugh and Hickson, 2016）。

〈memo〉

サイモンはさらに，直感的な合理性についても言及しています。突然のひらめきは，合理的選択とは異なり，それがどのように導き出されたのか証明は不可能です。しかし，このようなひらめきはその道の素人には決して生じず，その道を究めた，つまりある領域において適切な知識を持っている人にのみ生じるとされます。サイモンは，傑出した仕事の必須条件の一つとして，10 年以上の期間にわたるその分野へのひたむきな注意の集中を挙げています。そして，すべての真剣な思考は，探索のような諸過程と，精通したパターンについての突如として起る認識，いずれの思考様式も必要としている，と述べています（サイモン，1987）。

初心者やシロウトにとっては骨の折れる探索を必要とするような問題でも，その道の熟練者や専門家は直感的に取り掛かることができる，というわけです。さきほどの重篤な患者を前にした医師の例を取ると，どのような検査や処置が必要かについて，ベテランの医師は新人の医師よりも短い時間で判断が可能ですが，これは過去に経験した豊富な症例による思考と経験に基づく直感による合理性が働くためと考えられます。

ところで，サイモンは，**プログラム化した意思決定**と**プログラム化されていない意思決定**の相違についても言及しています。繰り返し実践される定型的な意思決定についてはプログラム化することができ，その方針についても特定化することが可能です。例えば，給与計算や顧客への通常の対応などは，プログラム化された意思決定としてあらかじめ決められた方針に従い行われます。通常，このような方針は**マニュアル**として整備されています。一方，初めて遭遇したり，複雑でどこから取り掛かっていいか分からなかったりする問題に対応するには，プログラム化されていない意思決定が必要となります。例えば，先ほどの重篤な患者への対応や，その他にも新製品の開発や組織の統廃合などがこの

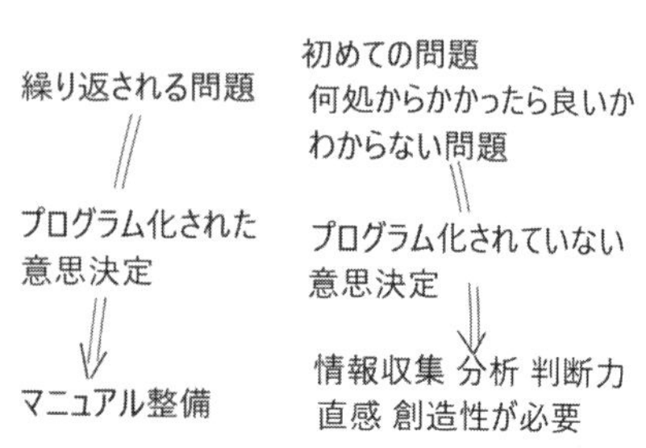

〈memo〉

ような意思決定に相当するでしょう。

プログラム化していない意思決定については，合理的意思決定に近づけるべく，適切な知識や周到な情報の収集が必要で，その分析や検討には時間やコストもかかります。したがって，組織において繰り返し生じるだろう問題についての意思決定はできるだけプログラム化することで効率的に行い，プログラム化されていない意思決定に判断力や直感，創造性を働かせることが重要です。自らの管理する集団の意思決定に責任を持つ管理者を，効率・効果的な意思決定ができるよう教育訓練することも必要となります。プログラム化されていない意思決定の経験を積むことによって，その後の意思決定において直感的な合理性を働かせることも可能となります。

12.5　結びにかえて

意思決定における合理性を高めるには，問題の規定と，その問題を解決する方針を立てるための情報の収集や分析が必要となります。問題の規定については，何を問題とするかについての価値判断が伴います。コロナ禍への初期対応において，人命救助が最優先課題とされた一方で，人命救助と経済活動の両立は難しく，この間の舵取りについては各国で異なった方針が採用されました。このような方針には事実判断のみではなく，何をどの程度重視すべきか，という価値判断が伴います。

AI の発達により，情報収集の範囲や情報分析の速度は飛躍的に高まっていますが，AI に価値判断を任せることにはリスクが伴います。第 7 章でも取り上げたように，私たちの感情は文化的な側面も有しています。ある文化や時代における価値判断が，他の文化や時代の価値判断と異なることは，これまでの歴史によって証明されています。どのようなことに価値を見出すべきかについて絶対的な優劣をつけることは難しいでしょう。こういった意味でも，サイモンが提示した，最適な意思決定ではなく満足のいく意思決定をする人間らしい意思決定のアプローチには，先見の明が感じられます。

〈memo〉--

最後に次の Reflection について考え記述しておきましょう。

Reflection 12　あなたの就職に関するアプローチを，前述のエルスターの①，②，③の条件，次に，サイモンの 1）2）3）の段階に照らし合わせ，分析してみましょう。現状とどのような違いが見られ，また合理的意思決定に近づけるには，どのようなことが必要でしょうか。

〈記述欄〉

〈memo〉

参考文献

日本語参考文献

北山忍（1998）『自己と感情——文化心理学による問いかけ』共立出版

サイモン，ハーバード，A.（著），佐々木恒男・吉原正彦（訳）（1987）『意思決定と合理性』文眞堂

戸田正直（1992）『感情——人を動かしている適応プログラム』東京大学出版会

野中郁次郎（1990）『知識創造の経営——日本企業のエピステモロジー』，日本経済新聞社

ベネディクト，ルース（著），長谷川松治（訳）（2005）『菊と刀』講談社

マッガウ，ジェームズ，L.（著），大石高生・久古田競（訳）（2006）『記憶と情動の脳科学——「忘れにくい記憶」の作られ方』講談社

山極寿一（2007）『暴力はどこから来たか——人間性の起源を探る』NHK 出版

英語参考文献

Adams, J. S.（1965）, "Inequality in social exchange", *Advances in Experimental Social Psychology*, Vol. 2, 267–299

Alderfer, C.（1987）, "An Intergroup Perspective on Group Dynamics", in Lorsch, J. W.（ed.）（1987）, *Handbook of Organizational Behavior*, Prentice-Hall：New Jersey

Arrow, K.（1974）, *The Limits of Organization*, W. W. Norton & Company：London

Bauman, Z. and May, T.（2019）, *Thinking Sociologically*, 3rd edition, Wiley Blackwell：Oxford（奥井智之（訳）（2016）『社会学の考え方［第 2 版］』筑摩書房）

Damasio, A.（2003）, *Looking for Spinoza–Joy, Sorrow, and the Feeling Brain*, Harcourt, Inc：Orlando（田中三彦（訳）（2005）『感じる脳』ダイヤモンド社）

Deci, E. L. and Ryan, R. M.（2000）, 'The "What" and "Why" of Goal Pursuits：Human Needs and the Self-Determination of Behavior', *Psychological Inquiry*, Vol. 11, No. 4, 227–268

Drucker, P.（1954）, "Management by Objectives and Self-Control", Reprinted in Drucker, P. F.（2001）, *The Essential Drucker*, Harper Collins：New York

Drucker, P. F.（2001）, *The Essential Drucker*, HarperCollins：New York

Drucker, P. F.（2002）, *Managing in the Next Society*, Truman Talley Books：New York

Elster, J.（2007）, *Explaining Social Behavior : More Nuts and Bolts for the Social Scicence*, Cambridge University Press：New York

Festinger, L.,（1958）, "The Motivating Effect of Cognitive Dissonance", in Lindzey. G.（ed.）（1958）, *Assessment of Human Motives*, Rinehat：New York

French, J. & Raven, B.（1959）, "The Bases of Social Power", in Cartwright, D.（ed.）（1959）, *Studies and Social Power*, Institute for Social Research：Michigan

Goleman, D.（1995）, *Emotional Intelligence : Why it matters more than IQ*, Bantam Books：New York

Goleman, D.（1998）, *Working with Emotional Intelligence*, Bantam Books：New York

Greenberg, J. and Colquitt, J.（eds.）（2005）, *Handbook of Organizational Justice*, Phycology Press：New York

Harari, Y. N.（2018）, *21 Lessons for the 21st Century*, Vintage：London（柴田裕之（訳）（2019）『21 Lesson――21世紀のための21の思考』河出書房新社）

Hochschild, A. R.（1983）, *The Managed Heart : Commercialization of Human Feeling*, UCLA Press：Berkeley（石川准・室伏亜希（訳）（2000）『管理される心――感情が商品になるとき』世界思想社）

Holland, J. L.（1997）, *Making Vocational Choices*, Psychological Assessment Resources：Odessa

Kelly, H. H.（1973）, "The processes of causal attribution", *American Psychologist*, Vol. 28, No. 2, 107-128

Lave, J. and Wenger, E.（1991）, *Situated Learning–Legitimate Peripheral Participation*, Cambridge University Press：New York

LeDoux, J.（2002）, *Synaptic Self–How Our Brains Become Who We Are*, Viking Penguin：New York（谷垣暁美（訳）（2004）『シナプスが人格をつくる――脳細胞から自己の総体へ』みすず書房）

Lindzey, G.（ed.）（1958）, *Assessment of Human Motives*, Rinehart：New York

Lorsch, J. W.（ed.）（1987）, *Handbook of Organization Behavior*, Prentice Fall：New York

Maslow, A.（1987）, *Motivation and personality, Third Edition*, Longman：New York

Maslow, A.（1943）, "A Theory of Human Motivation", *Psycological Review*, Vol.50, No.4, 370-396

Matthews, G., Zeidner, M. and Roberts, R. D.（eds.）（2004）, *Emotional Intelligence：Science and Myth*, MIT Press：Cambridge

McGregor, D.（1957）, "The Human Side of Enterprise", *Management Review*, Vol.46, 22-28

Nonaka, I. and Takeuchi, H.（1995）, *Knowledge–Creating Company*, Oxford University

Press：Oxford（梅本勝博（訳）（1996）『知識創造企業』東洋経済新報社）

Premak, D. and Premak, A.（2003）, *Original Intelligence–Unlocking the Mystery of Who We are*, McGraw-Hill：New York（長谷川寿一（監修），鈴木光太郎（訳）（2005）『心の発生と進化――チンパンジー，赤ちゃん，ヒト』新曜社）

Polanyi, M.（1962）, *Personal Knowledge–Towards a Post–Critical Philosophy*, Rutledge：London

Pugh, D. S. and Hickson, D. J.（2016）, *Great Writers on Organizations, The Third Omnibus Edition*, Rutledge：London（北野利信（訳）（2003）『現代組織学説の偉人たち――組織パラダイムの生成と発展の軌跡』有斐閣）

Rosenfeld, R. A., Giacalone, R. A., and Riordan, C.（1995）, *Impression Management in Organizations–Theory, Measurement, Practice*, Rutledge：London

Schwartz, S. J., Luyckx, K. and Vignoles, V. L.（eds.）（2011）, *Handbook of Identity Theory and Research, Structures and Processes*, Springer：New York

Shaver, K. G.（2016）, *An Introduction to Attribution Processes*, Routledge：London

Steinberg, R. and Figart, D.（eds.）（1999）, *Emotional Labor in the Service Economy*, The Annals of the American Academy of Political and Social Science

Tajfel, H.（ed.）（1978）, *Differentiation between social groups : studies in the social psychology of intergroup relations*, Academic Press：London

Tajfel, H., Billing, M. G., Bundy, R. P., and Flament, C.（1971）, "Social categorization and intergroup behavior", *European Journal of Social Psychology*, Vol. 1, No. 2, 149-178

Tomasello, M.（1999）, *The Cultural Origins of Human Cognition*, Harvard University Press：Cambridge（大堀壽夫・中澤恒子・西村義樹・本多啓（訳）（2006）『心と言葉の起源を探る――文化と認知』勁草書房）

Turner, J. C., Hogg, M. A., Oakes, P. J., Reicher, S. D., and Wetherrell, M. S.（eds.）（1987）, *Rediscovering the Social Group : A Self–Categorization Theory*, Blackwell：Oxford

Vroom, V. H.（1964）, *Work and Motivation*, Wiley：New York

索　引

あ　行

か　行

さ 行

た 行

な 行

は 行